Anna-Maria Maile

Erzieherinnen in Supervision

Eine empirische Analyse des Bedarfs in den verschiedenen
Karrierestufen

D1671655

Anna-Maria Maile

Erzieherinnen in Supervision

Eine empirische Analyse des Bedarfs in den
verschiedenen Karrierestufen

GESELLSCHAFTSWISSENSCHAFTEN

Anna-Maria Maile

Erzieherinnen in Supervision

1. Auflage 2009 | ISBN: 978-3-86815-167-1

© IGEL Verlag GmbH , 2009. Alle Rechte vorbehalten.

Die Deutsche Bibliothek verzeichnet diesen Titel in der Deutschen
Nationalbibliografie. Bibliografische Daten sind unter http://dnb.ddb.de
verfügbar.

Inhaltsverzeichnis

1. Einleitung

Mein berufliches Arbeitsfeld als Fachlehrerin an einer Fachschule für Sozialpädagogik hat mich in Kontakt mit vielen Erzieherinnen und Erziehern gebracht. Diese bekleiden die verschiedenen Positionen in der beruflichen Hierarchie: von der Berufspraktikantin/Erzieherin im Anerkennungsjahr, über die Erzieherin als Zweitkraft, die Erzieherin als Gruppenleiterin und als Gruppenleiterin in Anleitung einer Praktikantin, bis hin zur Einrichtungsleitung. In vielen Gesprächen suchten die pädagogischen Fachkräfte Rat und Hilfe. Immer wieder wurde mir in diesem Zusammenhang auch von Druck, Stress und Überforderung bei gleichzeitigem Leiden unter fehlender gesellschaftlicher Anerkennung berichtet. Zudem wurden sowohl Fragen zur Konzeption, Struktur, und zur personellen Situation am Arbeitsplatz als auch Fragen zur konkreten Fallarbeit gestellt.

Nicht zuletzt durch die verheerenden Ergebnisse der PISA-Studie ist der pädagogische Auftrag von Kindertagesstätten und Krippen ins Zentrum des politischen und öffentlichen Interesses gerückt und werden zusätzliche Einrichtungen zur Förderung kleiner Kinder geschaffen. Im Zuge dessen steigen die Anforderungen an Erzieherinnen und Erzieher, neue Tätigkeitsfelder werden erschlossen.

Auch vor diesem Hintergrund ist der gegenwärtige Bedarf an supervisorischer Hilfestellung und Beratung im Berufsalltag von Erziehern und Erzieherinnen offensichtlich. Doch ist dieser bislang nur unzureichend analysiert worden.

Zwar suchen Erzieherinnen zunehmend in Supervision Hilfe, Unterstützung und Klärung: Es lässt sich feststellen, dass sich diese Möglichkeit als fester fachlicher Bestandteil der sozialpädagogischen Arbeit etabliert hat. Doch es existieren keine empirischen Untersuchungen, die den konkreten Beratungsbedarf von Erziehern und Erzieherinnen in den verschiedenen Karrierestufen näher beleuchten und eine qualitative Analyse zulassen.

In dieser Arbeit wird anhand eines umfassenden Blicks auf die Anforderungen in erzieherischen Berufen sowie einer empirischen Erhebung der Versuch einer solche Analyse geleistet.

Da mein berufliches Tätigkeitsfeld und die damit verbundenen Begegnungspunkte in Nordrhein-Westfalen liegen, wurde für die empirische Erhebung das Land Nordrhein-Westfalen (NRW) ausgewählt. Auch alle Gesetzesvorgaben und Ausbildungsverordnungen sind auf das Land NRW bezogen. Die darüber hinaus zugrunde gelegten Untersuchungen beziehen sich auf die Bundesrepublik Deutschland und somit den gesamten Berufsstand der Erzieherin.

Aus Gründen der besseren Lesbarkeit wird im Text in allgemeinen Formulierungen die weibliche Form verwendet.

2. Supervision im Erzieherberuf – eine Hinführung

Supervision wird als Beratungsform zur Unterstützung sozialer Hilfeleistungen vorgenommen und dient der Förderung und Qualitätsverbesserung des professionellen Handelns. Supervision wird heute sowohl im so genannten Non-Profit-Bereich als auch in den Profit-Bereichen eingesetzt und ist dort ökonomisch zunehmend fest verankert. Neben der Supervision gibt es als beratende Form im allgemeinen Arbeitskontext das Coaching.

Die historisch erste Quelle der Supervision ist die amerikanische Sozialarbeit. Supervision, aus den USA kommend, heißt ursprünglich „übersehen", „überblicken", die Situation aus einem anderen Blickwinkel aus betrachten; eine Meta-Position einnehmen. Supervision beinhaltete in den Ursprüngen zweierlei: helfen und kontrollieren. In New York kam es im Jahre 1900 zum ersten Kurs über Supervision. Die zweite Quelle der Supervision ist die seit 1920 zuerst in der Psychoanalyse und bis heute in allen psychotherapeutischen Ausbildungen benutzte Form der Kontrollanalyse, also der Reflexion der psychotherapeutischen Behandlungsfälle eines jüngeren mit Hilfe eines erfahreneren Fachmannes. Im Rahmen der Begriffsgeschichte ist Folgendes zu beachten: Unter Supervision versteht man in den USA im Sozial- und Gesundheitsbereich ein Dreifaches:

1. *Administrative Supervision*, die Ziele und Interessen der Organisation beinhaltet,

2. *Educational Supervision*: sie entspricht am ehesten der Ausbildungs-Supervision oder früheren Praxisanleitung,

3. *Supportive Supervision* soll den Supervisanden helfen, mit dem Arbeitsstress umzugehen und einem „Burn-Out" vorzubeugen.[1]

In Amerika wurde Supervision entwickelt als besondere Form der Praxisberatung durch einen Vorgesetzten. Diese meist freiwillige Form der Beratung hatte zum Ziel, in konkreten beruflichen Aufgabenstellungen das professionelle Handeln

---

[1] vgl.: Belardi, N., in Pühl, H. (Hrsg.): Handbuch der Supervision 2, Geschichtliche Entwicklung: Von der Supervision zur Organisationsberatung, S.339

der Mitarbeiter zu besprechen und sie in ihrem Tun anzuleiten. Der Supervisor war oft der direkte Vorgesetzte.

Während in den USA die Supervision in den 30er Jahren weiterentwickelt wurde, kam es aufgrund des Faschismus in Deutschland zu einer Rückentwicklung.[2]

Der Weg zur Wiederanknüpfung an Supervision war in Deutschland von großen Zweifeln und Widerständen begleitet. Aus der Geschichte kommend, in der die negative Erfahrung mit dem Nationalsozialismus noch frisch und lebendig in den Köpfen verhaftet war, sind die Zweifel an vermeintlich belasteten Vorgesetzten, in diesem Falle der Supervisor, Grund zur Ablehnung gewesen. Darüber hinaus gab es Ressentiments gegen Hierarchien und Kontrolle. Es tauchten „Vorbehalte gegen eine kritiklose Übernahme von Methoden aus einem anderen Lande auf. Hinzu kam noch, dass die USA nicht irgendein „Land" waren, sondern das Führungsland der Siegermächte im Zweiten Weltkrieg."[3]

Die sich in Deutschland trotz der genanten Vorbehalte entwickelnde Supervision ist sowohl unter dem Einfluss der amerikanischen Erfahrungen als auch der Erfahrungen des umliegenden Auslandes, wie Schweiz, Italien und besonders den Niederlanden, angeregt und bereichert worden.

Im deutschen Sprachraum hat sich Supervision inzwischen zu einer eigenständigen Beratungsform entwickelt. Zunächst ist in unserem Land der Begriff Mentor im beratenden Arbeitskontext verwendet worden, bis sich auch hier der Begriff Supervision und die damit verbundene Berufsidentität einstellte. Der erstmals 1977 in Kassel eingeführte Studiengang hat sich inzwischen an den Hochschulen in Hannover (1993) und Freiburg (1999) und im Folgenden an diversen Hochschulen weiter etabliert. Diese Ausbildungsstätten und Studiengänge, die den Diplom- oder Masterabschluss beinhalten, sind an Universitäten mit eigenen Lehrstühlen besetzt. Eigene Wissenschaftsbetriebe sind aufgebaut worden.

Die Supervision hat sich als bedeutendes Praxisfeld und Forschungsgebiet fest etabliert. Verdeutlicht wird dieses durch

---

2   vgl.: ebs. S.335ff.
3   vgl.: Belardi, N., in Pühl, H. Hrsg.: Handbuch der Supervision 2, 1994, S.335ff

eine Fülle von Fachliteratur, Fachzeitschriften und eigenständigen Publikationen.

Supervision ist inzwischen ein Beratungsangebot, das zum festen Bestandteil in sozialen Einrichtungen, im Gesundheitswesen, in Industrie, Handel und im Dienstleistungsbereich geworden ist. Sie wird überwiegend in das finanzielle als auch in das zeitliche Budget und in die Kalkulation der oben genannten Arbeitsfelder aufgenommen.

Heute wird in der Regel mit externen und unabhängigen Supervisoren gearbeitet. Einer Interessensverknüpfung wird somit vorgebeugt.

Die gängige deutsche Definition von Supervision lautet: Unter Supervision versteht man die externe Beratung von Menschen in ihrer Arbeit.

Supervision wird als „eine Beratung von Ratsuchenden in ihren Arbeitshandlungen" verstanden.[4] Sie zielt auf die Verbesserung der Arbeit der jeweiligen Ratsuchenden.

Die „Deutschen Gesellschaft für Supervision" definiert den Begriff heute folgendermaßen:

„Supervision ist eine Beratungsmethode, die zur Sicherung und Verbesserung der Qualität beruflicher Arbeit eingesetzt wird. Supervision bezieht sich dabei auf psychische, soziale und institutionelle Faktoren. (...) Supervision unterstützt

    - die Entwicklung von Konzepten,

    - bei der Begleitung von Strukturveränderungen,

    - die Entwicklung der Berufsrolle."[5]

Supervision findet in unterschiedlichen Settings statt.

Das Beratungssetting ‚Gruppe' wird häufig gewählt. Formen der Gruppensupervisionen haben sich u. a. etabliert für Mitarbeiterinnen und Mitarbeiter in sozialen, pastoralen, pädagogischen, therapeutischen und medizinischen Berufen. Hierzu zählen neben Sozialarbeiterinnen, Lehrerinnen, Ärztinnen auch Erzieherinnen, Krankenschwestern, Seelsorgerinnen und auch Polizistinnen.

---

[4] vgl.: Kersting, H. in: Kersting, Heinz/Neumann-Wirsig, Heidi (Hrsg.), In Aktion , 2000, Seite 126

[5] vgl.: Pühl, H., Supervision und Organisationsentwicklung, 2000. 2. Auflage, S.15

Die meisten Gruppensupervisionen werden in Deutschland für Arbeitsgruppen durchgeführt, die in derselben Einrichtung oder an einem Projekt für längere Zeit zusammenarbeiten. Manchmal sind sie Angehörige derselben Berufsgruppe, oft kommen sie aus unterschiedlichen Berufsgruppen und gehören unterschiedlichen Hierarchieebenen an.[6]

Die Einzelsupervision lässt sich nach Pühl grob in zwei Arbeitsfelder aufteilen. Zu ihr gehören einerseits Menschen, die aus dem pädagogischen oder therapeutischen Arbeitsfeld kommen und gezielte Fallsupervision suchen, und andererseits diejenigen, die aus weiteren Berufsfeldern kommen. Gemeinsam ist ihnen, dass sie überwiegend eine Vorgesetztenfunktion auszufüllen haben und an ihre persönlichen und fachlichen Belastungsgrenzen stoßen. Sie spüren und benennen ihre Hilflosigkeit bei den unterschiedlichen Erwartungen in Hinblick auf ihre Positionen.[7]

Die Teamsupervision ist als eine besondere Form der Gruppensupervision aufzuzeigen. Heute verstehen wir unter Teamsupervision die Supervision von Arbeitsgruppen innerhalb derselben Institution, die eine gewisse Kontinuität aufweisen. Die ursprüngliche Idealisierung von Teamarbeit ist einer funktionaleren Sichtweise gewichen. Übrig blieb – jetzt wesentlich neutraler – die Bezeichnung Teamsupervision. Selbst wenn in einer Arbeitsgruppe mehrere hierarchische Ebenen vorhanden sind, spricht man von Teamsupervision. Themenfelder, die in Teamsupervisionen besprochen werden, sind: Interaktionsdynamik innerhalb der Arbeitsgruppe, latente und offene Konflikte, Konkurrenzen und Rollenzuschreibungen. Die institutionsbezogene Teamsupervision fokussiert stärker den Aufgabenbezug, die Hierarchien, die Machtverteilungen und institutionellen Rollen. Bei allen Unterscheidungen gibt es jedoch auch Mischformen dieser drei Arten, die manchmal während des Supervisionsprozesses phasenweise wechseln. [8]

Supervision in Kindergärten als separates Forschungsfeld ist bisher noch unerforscht. Supervision für Erzieherinnen ist

---

6 vgl.: Kersting, H. in: Kersting, H./ Neumann-Wirsig, H. i. (Hrsg.), In Aktion , 2000, Seite 128
7 vgl.: Pühl, H.: Handbuch der Supervision 2, 1994, S. 85
8 Kersting, H./Krapohl, L., in Pühl, H.: Handbuch der Supervision 2, 1994, S. 96

unter dem Aspekt „pädagogische Berufe" mit dem Berufsfeld der Lehrerin nicht selten mit aufgenommen. Die berufliche Nähe, besonders zur Grundschullehrerin, lässt es meines Erachtens zu, Rückschlüsse aus der vorliegenden Studie auch auf die Erzieherin zu übertragen.

Die generelle Wirksamkeit von Supervision ist zur Klärung der Kommunikationsstrukturen in Bereichen der Teamkommunikation erwiesen.[9] Für alle Arbeitsbereiche kann festgestellt werden, dass weniger Quantität und Input, sondern eher Qualität, Output und „Humankapital" wie Kreativität, Kooperationsfähigkeit, Flexibilität verlangt werden.[10]

Für die Supervision studentischer Praktikanten benutzt man noch heute in den USA den Begriff: „Field Instruction". Er ist mit dem deutschen Terminus „Praxisanleitung" gleich zu setzten, der speziell in sozialpädagogischen Bereichen, z.B. in der Ausbildung der Erzieherinnen, Anwendung findet. Während der Praktika in der Ausbildung zur Erzieherin wird der Praxisanleitung eine gewichtige Bedeutung beigemessen. „Zunächst wurde in der Ausbildung zur Erzieherin mit den Begriffen Anleitungsprozess und Praxislehre operiert (Supervision in der Übersetzung von Herta Kraus im Jahr 1950). Heute haben sich die Begriffe Praxisanleitung und Praxisberatung weitgehend etabliert. Der Begriff Supervision findet nur Anwendung in der Beratung der Erzieherin *nach* Abschluss der schulischen Ausbildung."[11]

Erzieherinnen suchen zunehmend in Supervision Hilfe, Unterstützung und Klärung. Das Supervisionssetting hängt unmittelbar von der Thematik ab. Die Leiterin einer Einrichtung wählt die berufsbezogene Beratung verstärkt bei Fragen zur Organisationsentwicklung und zum Personalmanagement in Form von Einzelsupervision.

Teamsupervision wird als unterstützende und klärende Form bei Fragestellungen im Bereich der Konzeptentwicklung, der Konfliktberatung und der Fallarbeit innerhalb eines Arbeitsbereiches verstärkt angefragt.

---

[9] vgl.: Belardi, N.: Supervision, Von der Praxisberatung zur Organisationsentwicklung, 1992

[10] vgl.: Berlardi, N.: Was kann Supervision in Kindergarten und Schule leisten? http://www.schule.suedtirol.it/pi/downloads/nando_belardi.pdf

[11] Belardi, N. in Pühl, H.: Handbuch der Supervision 2, Seite 335

Gruppensupervisionen werden in der Regel von Einrichtungsleitungen gewählt. Hier treffen sich Leiterinnen verschiedener Kindertagesstätten zum kollegialen Austausch mit Themenschwerpunkten aus den Bereichen Personalführung, Management, Öffentlichkeitsarbeit und Verwaltungsorganisierung bzw. neue Steuerungsmodelle, die von Seiten des Trägers der Einrichtung eingefordert werden.

Im Arbeits- und Organisationsfeld Kindertagesstätten suchen die verantwortlichen Träger bzw. Einrichtungsleitungen zunehmend professionelle Beratung in Form von Supervision, um eine Qualitätssicherung der pädagogischen Arbeit zu gewährleisten. Supervision verfolgt dabei die Ziele:

1. aktuelle Konfliktlagen am Arbeitsplatz, vor allem Kommunikations- und Kooperationsbereitschaft zwischen Mitarbeiterinnen, Eltern, und Vorgesetzen zu bearbeiten;

2. Kindertagesstätten in ihrer Organisation besser in die Lage zu versetzen, gesetzliche Aufgaben zu erledigen und ihre eigentlichen Zielsetzungen zu erfüllen;

3. das pädagogische Fachpersonal einschließlich der Leitungskräfte im Sinne der Weiterbildung beruflich zu qualifizieren.[12]

---

[12] Belardi, N. in Pühl, H.: Handbuch der Supervision 2, S.402

3. Aktuelle Problemstellungen im Erzieherberuf

Viele Erzieherinnen erleben Gefühle von Druck, Stress und Ohnmacht. Sie sprechen von Überforderung und Hilflosigkeit im beruflichen Alltag. Möglichkeiten der Veränderung dieser Emotionen sind eng gekoppelt an Ängste und Wünsche, die keinen Raum kennen, diese zu erhellen oder zu bearbeiten. Mögliche Ursachen liegen nach Gabi Baer[13] in der „fehlenden Anerkennung durch die Gesellschaft. Sie erfahren diese weder durch ihr Gehalt, noch durch ihre Arbeitsbedingungen." Die Stadt Hamburg nimmt ganz aktuell eine zeitlich unbegrenzte Absenkung der Bezahlung vor. „Der Erzieherberuf gilt allgemein als schlecht bezahlt. Wollte Hamburg alle auf dem alten Niveau entlohnen, würde das rund 12 Millionen Euro jährlich mehr kosten," so Katja Kutter in ihrem Artikel der Tageszeitung, TAZ, vom 11.1.2007.[14]

Prof. Gerald Hüther, Neurobiologe, Göttingen, der sich immer wieder zu Erziehungs- und Bildungsfragen geäußert hat, sagt auf die Anmerkung in „Publik-Forum, online": „Die Persönlichkeit der Lehrer und Erzieher lässt sich aber von der Kultusministerkonferenz schwerlich verordnen." Hüther ferner: „Nicht nur im Erziehungs- und Bildungsbereich lässt sich das, was am notwendigsten und am vernünftigsten wäre, am schwersten umsetzen! So lange der Erzieherberuf einen so schlechten Ruf genießt, kann man für diese Aufgabe nicht die Besten und Begabtesten aus einem großen Angebot von Bewerbern auswählen...."[15]

Erzieherinnen haben weder Ferien wie Lehrerinnen, noch vergütete Vorbereitungszeiten. „Kinder, Erzieherinnen und Mütter haben keine politische Lobby in unserer Gesellschaft", so Baer.[16]

Ein weiteres Problem stellt sich bezüglich der zunehmend höher qualifizierten und umfassenderen Arbeit der Erzieherin dar. Diese ergeben sich unter anderem aus den neuen institutionellen Formen, z.B. den Familienzentren wie auch aus

---

[13] Baer, G. in Pühl, H.: Handbuch der Supervision 2, 1994, S. 281
[14] vgl.: Tageszeitung, TAZ, Berlin vom 11.1.2007
[15] vgl.: Meesmann, H. und Teupke, A, erschienen in Publik-Forum, online, Ausgabe 10/2003, Seite 18, am 23.5.2003, http://www.publik-forum.de/f4-cms/tpl/pufo/op/pufo-themensubside...
[16] Baer, G.: in Pühl, H.: Handbuch der Supervision 2, 1994, S. 281

den Anforderungen des KIBIZ-Gesetz. Eine besondere Aufgabe ist die Sprachförderung und die Integrationsarbeit.

Im Folgenden eine kurze Darstellung der in NRW neu eingerichteten Familienzentren, die in der Pilotphase im Sommer 2007 abgeschlossen ist und nun zur flächendeckenden Umsetzung ansteht: Die Vorgabe der Landesregierung NRW, Ministerium für Generationen, Familie, Frauen, und Integration (MGFFI) hat sich zum Ziel gesetzt, dass das Gesetz über Tageseinrichtungen für Kinder die Grundlage bildet für die pädagogische Arbeit. Ziel der Landesregierung ist, die Tageseinrichtungen zu Familienzentren weiter zu entwickeln.[17]

Das Familienzentrum[18], erstmals eingeführt als Pilotprojekt in NRW im Juni 2006 mit dem Ziel des flächendeckenden Einsatzes, umfasst acht Kernbereiche, die sich nochmals in zwei Teile gliedern. Beide Teile sind in Basisleistungen/Basisstrukturen und in Aufbauleistungen / Aufbaustrukturen gegliedert.

Teil A: Aufbau - Leistungsbereiche

1. Beratung und Unterstützung von Kindern und Familien

2. Familienbildung und Erziehungspartnerschaft

3. Kindertagespflege

4. Vereinbarkeit von Beruf und Familie

Teil B: Strukturbereiche

1. Sozialraumbezug

2. Kooperation und Organisation

3. Kommunikation

4. Leistungsentwicklung und Selbstevaluation

Zu den Leistungen des Familienzentrums gehört das Ziel, ein niedrigschwelliges Angebot für Kinder und Familien anzubieten. „Es dient der Förderung und Unterstützung von Kindern und Familien in unterschiedlichen Lebenslagen und mit unterschiedlichen Bedürfnissen. Dabei ist es wichtig, dass die

---

[17] "Zweites Gesetz zur Ausführung des Gesetzes zur Neuordnung des Kinder- und Jugendhilferechtes (Gesetz über Tageseinrichtungen für Kinder - GTK)
[18] Das Gütesiegel Familienzentrum NRW, Ministerium für Generationen, Familie, Frauen und Integration des Landes Nordrhein-Westfalen, 2007, Seite 3

Angebote niedrigschwellig sind, d.h. alltagsnah gestaltet werden und ohne Hemmschwelle oder räumliche Hindernisse in Anspruch zu nehmen sind."[19] Erzieherinnen haben die Aufgabe, in einem Familienzentrum als Lotse zu fungieren und folgende Basisleistungen anzubieten: Sie verfügen über aktuelle Verzeichnisse von Beratungs- und Therapiemöglichkeiten. Im Weiteren stellen sie ebenfalls die aktuellen Verzeichnisse zur Gesundheits- und Bewegungsförderung zur Verfügung, eine pädagogische Fachkraft, die auf Fragen zur interkulturellen Öffnung spezialisiert ist, steht Eltern beratend zur Seite. Erzieherinnen in Familienzentren organisieren Eltern-Kind-Gruppen für Familien mit unter dreijährigen Kindern. Das Familienzentrum verfügt über ein Konzept, welches sicherstellt, dass bei Bedarf die Vermittlung von Familien zur Erziehungs- und Familienberatung erfolgt und der Beratungsprozess begleitet wird. Dort tätige Erzieherinnen organisieren offene Sprechstunden für Erziehungs- und Familienberatung und verfügen selbst über anerkannte Verfahren zur allgemeinen Früherkennung in Form eines Entwicklungsscreenings und wenden sie an. Erzieherinnen in Familienzentren haben die Aufgabe, dass eine „aufsuchende Elternarbeit"[20] durchgeführt wird, die, soweit notwendig, unter Einbeziehung mehrsprachiger Ansprechpersonen durchgeführt werden kann. Diese Leistung ist eine Verbundleistung und muss nicht zwingend durch die Erzieherin des Familienzentrums ausgeführt werden. Weitere Basisleistungen, die Teil der Zielvereinbarung Familienzentrum sind, können als Verbundleistungen angeboten werden.

Aus dem Teil B, Strukturbereich, ist es eine Kombination aus Einrichtungsstruktur, für die die Erzieherin im Familienzentrum Sorge zu tragen hat und Gemeinschaftsstruktur oder Verbundstruktur, die durch andere Einrichtungen und/oder Kooperationspartner erfüllt werden können.

Es ist unschwer zu erkennen, dass die genannte Lotsenfunktion umfassende Kompetenzen verlangt und Fragen der Betroffenen aufwirft.

---

[19] Das Gütesiegel Familienzentrum NRW, Ministerium für Generationen, Familie, Frauen und Integration des Landes Nordrhein-Westfalen, 2007,S. 5

[20] Das Gütesiegel Familienzentrum NRW, Ministerium für Generationen, Familie, Frauen und Integration des Landes Nordrhein-Westfalen, 2007, S. 6

Als weitere Verunsicherung und dadurch Belastung für Erzieherinnen wird das in NRW ab Sommer 2008 verbindlich einzuführendes KIBIZ (Kinderbildungsgesetz) erlebt. Es wird von Förderung und Bildung gesprochen, aber in der Ausgestaltung des beruflichen Arbeitsumfeldes und seiner Rahmenbedingungen erscheinen keine erkennbaren Verbesserungen. Im Gegenteil: Es obliegt weiterhin den Erzieherinnen, mit gleich großen und partiell noch größeren Kindergruppen und weniger Personal die pädagogische Arbeit zu verbessern und den geforderten Bildungsanspruch umzusetzen. Die damit verbundenen Aufgaben und strukturellen Veränderungen verdeutlichen, wo Ängste, Unsicherheiten und Gefühle der Überforderung bei Erzieherinnen herrühren. Die zunehmende vertragliche Ungewissheit, die sich zu einem hohen Prozentsatz in befristeten Arbeitsverträgen ausdrückt, erhöht das Belastungsempfinden. Im beruflich betrachteten gesellschaftlichen Ranking muss außerdem darauf hingewiesen werden, dass „Erzieherinnen mit Abstand auf einer der untersten Stufen der Hierarchie aller sozialen Berufe stehen."[21] Das heißt für junge Menschen, die den Erzieherinnenberuf ergreifen, dass sie sich dem Unverständnis ihrer Berufswahl im Familien- und sozialem Umfeld stellen müssen.

Jedes Bundesland hat aufgrund des verheerenden Ergebnisses im weltweit durchgeführten Bildungsvergleich PISA eigene Konzepte entwickelt, dieses schlechte Ergebnis so schnell wie möglich zu verbessern. Auf Ebene der Bundesrepublik hat das Bundesministerium für Familie, Senioren, Frauen und Jugend (BMFSFJ) durch das im Herbst 2007 verabschiedete Gesetz zur Kinderbetreuung für unter dreijährige Kinder dazu beigetragen, dass Bildung und Erziehung in Institutionen wie Krippe und Kindergarten verstärkt wahrgenommen werden.

Das Land Nordrhein-Westfalen hat zusätzlich ein weiteres familienunterstützendes Angebot konzipiert, das dem Aufgaben- und Tätigkeitsfeld der Erzieherin hinzugefügt worden ist.

Vor diesem Hintergrund wird die bisherige Ausbildung zur Erzieherin als immer unzureichender erlebt.

---

[21] vgl.: Baer, G. in Pühl, Harald: Handbuch der Supervision 2, 1994, S. 282

17

Die zweijährige theoretische Ausbildung und das anschließende einjährige berufliche Anerkennungsjahr sollen Anforderungen, Kenntnisse und Fähigkeiten aus den Bereichen Fachkompetenz, Methodenkompetenz, Sozialkompetenz und Personalkompetenz entwickeln. Dazu gehören ebenso die Bereiche Elternarbeit, Gesprächsführung, Teamarbeit und Integrationsarbeit. Sprache und die individuelle Sprachförderung eines jeden Kindes stehen seit den Ergebnissen der ersten standardisierten Sprachtests (in NRW von April bis Juni 2007) zusätzlich im Mittelpunkt der Arbeit der Erzieherin. In didaktischen Einheiten sollen Projekte entwickelt werden, die dem Bildungs- und Erziehungsauftrag gerecht werden. Durch Selbsterfahrungssequenzen soll ein gerechter und möglichst perfekter Umgang mit Kindern, Jugendlichen, Eltern, Kolleginnen und Institutionen internalisiert werden.[22]

In der Ausbildung fällt die Vorbereitung auf vertieftes Verstehen von Interaktionsbeziehungen zwischen Erzieherin, Eltern, Kind und Institution überwiegend heraus.

Durch Aus- und Weiterbildungen ergeben sich für Erzieherinnen keine Aufstiegschancen. Die maximale Karrierestufe der Erzieherin ist die der Einrichtungsleitung. Diese Position wird jedoch zunehmend von Sozialpädagoginnen ausgeführt.

Erzieherinnen fällt es schwer, sich mit ihrem Berufsbild zu identifizieren. Sie beurteilen sich untereinander oft abwertend und feindselig, wie sie es häufig und schmerzvoll in Aussagen von Eltern und anderen Berufsgruppen erleben wie: „So wie die arbeiten, möchte ich mal Urlaub machen!" oder „Die hätte nicht durch die Erzieherinnenausbildung kommen dürfen!"[23]

Erzieherinnen, die nach ihrer Ausbildung in den Beruf einsteigen, sind nicht zuletzt durch ihr sehr junges Alter (im Durchschnitt ca. 21 Jahre) noch nicht in einer Berufsidentität, Arbeits- und Reflexionskultur gereift. Die an sie gestellten Anforderungen sind jedoch von Beginn an umfassend und komplex.

---

[22] vgl.: Rd. Erl.d. Ministerium für Schule und Weiterbildung des Landes Nordrhein-Westfalen vom 2.1.2006 – 61-6-08.01.13, Richtlinien und Lehrpläne zur Erprobung, Fachschulen des Sozialwesens, Fachrichtung Sozialpädagogik,
[23] vgl.: Baer, G. in Pühl, H. Handbuch Supervision 2, S. 283

Wie u.a. Belardi in seinem Artikel: „Geschichtliche Entwicklung: Von der Supervision zur Organisationsberatung" schreibt und in Anlehnung an Pühl bereits herausgestellt, ist Supervision für alle Berufe da. Die Pionierfunktion der Sozialarbeiter-Supervision gehört der Vergangenheit an.[24] Supervision findet in der Rollen- und Leitungsberatung statt, in Fallarbeit sowie bei Themen von Binnenproblemen der Institutionen. Daraus resultierend habe ich mir die Frage gestellt: „Gibt es im beruflichen Kontext der Erzieherin die begleitende Beratungsform der Supervision? Wer ist in diesem Sinne Ansprechpartner für diese Berufsgruppe? Inwieweit sind Erzieherinnen während ihrer Ausbildung mit den unterschiedlichen Beratungsformen konfrontiert worden?"

Bei meiner Recherche stellte ich fest, dass der Austausch unter Kolleginnen, „die kollegiale Beratung", die am häufigsten gewählte Form der Beratung ist.

Erzieherinnen sind in der Regel Frauen, die ihre Arbeit im praktischen Tun und im Umgang mit dem Kind sehen. In der weiter zurückliegenden Vergangenheit habe ich in Gesprächen mit vielen Erzieherinnen erfahren, dass es ihnen fremd war, Probleme aus der Meta-Ebene zu beleuchten, eine Reflexionsschleife vorzunehmen oder ein Problem zu analysieren. Insbesondere die älteren Mitarbeiterinnen verstanden dies häufig als ein Zeichen von Unfähigkeit in ihrem beruflichen Alltag und es erweckte in ihnen ein Selbstbild der nicht qualifizierten Erzieherin.

Dieses Selbstbild hat sich in den letzten Jahren erheblich verändert. Rat, Hilfe und Unterstützung werden zunehmend aktiv gesucht. Die Erzieherinnen erleben die pädagogischen Aufgaben und die damit verbundenen Herausforderungen als zunehmend schwerer. Sie suchen nach Hilfen und Unterstützung. Die Bereitschaft, sich Beistand von außen zu holen, wächst in dem Maß wie die Probleme zunehmen.

Aus diesen Beobachtungen und Gesprächen heraus entstand für mich die Motivation, dieser Fragestellung nachzugehen. Ich habe sie im Thema: „Erzieherinnen in Supervision – eine Erhebung des Bedarfs in den Karrierestufen" zusammengefasst.

---

24 vgl.: Belardi, N., in Pühl, H.: Handbuch zur Supervision 2, S 335

4. Der Erzieherberuf im Wandel

4.1 Historischer Überblick

Ein kurzer historischer Überblick soll die Entwicklung des heute staatlich anerkannten Erzieherberufs darstellen und beleuchten.

Der Erzieherberuf ist historisch betrachtet anzusiedeln in die Zeit ab dem 17. Jahrhundert. Zunächst existierte der Beruf der Gouvernante. Sie verstand sich erstmals in der deutschen Geschichte als „Erzieherin" und vor allem als „Lehrerin" für die gehobene Gesellschaftsschicht. Aus dem Gouvernantenberuf lässt sich jedoch aufgrund fehlender Kontinuität nicht direkt die Erzieherin des 21.Jahrhunderts ableiten. Vorläufer in direkter Form ist der in der Mitte des 19. Jahrhunderts entstandene Beruf der Kindergärtnerin. Dieser entwickelte sich kontinuierlich weiter in den Beruf der „staatlich anerkannten Erzieherin". Die Rahmenvereinbarungen der Kultusministerkonferenz von 1967 und 1982 haben die Einführung des Ausbildungsberufes mit der Berufsbezeichnung „Staatlich anerkannter Erzieher" eingeführt.

Veränderte Lebenskonzepte und besonders ein verändertes Selbstverständnis von Frauen haben weitreichende Konsequenzen auf diesen von Frauen dominierten Beruf ausgeübt.

Im Zuge der Industrialisierung veränderten sich die wirtschaftlichen und sozialen Verhältnisse derart, dass eine Kleinkinderziehung außerhalb der Familien notwendig wurde.[25] Die Familien der sozialen Unterschicht benötigten die Erwerbstätigkeit der Mütter, die ihrerseits wieder darauf angewiesen waren, ihre Kinder in so genannte Kinderbewahranstalten oder in den Fabrikskindergarten zu geben. Diese öffentlichen Formen der Kleinkinderziehung, etwa um 1825 entstanden, hatten das Ziel, Unterschichtfamilien zu entlasten und Kinder vor Unfällen und Kriminalität zu bewahren. Diese Form der reinen Kinderbeaufsichtigung erfüllte keine Erziehungsziele, wie sie noch die Gouvernante oder Lehrerin

---

[25] vgl.: Erning, G./ Neumann K./ Reyer J. (Hrsg.), Geschichte des Kindergartens 1987, S.13

in gehoben Familien ursprünglich vorgenommen hatten, so dass eine institutionelle Ausbildung nicht erforderlich war.

Die Funktion der öffentlichen Kleinkinderziehung veränderte sich rasch durch den wirtschaftlichen und ökonomischen Wandel. Je mehr Einrichtungen nicht nur der reinen Betreuungsaufgabe nachkamen, sondern auch die körperliche, geistige und seelische Vorbereitung auf Schule in Verbindung mit der Persönlichkeitsentfaltung anstrebten, je deutlicher wurde bewusst, dass eine angemessene Qualifizierung und Professionalisierung des Personals stattfinden musste. Impulsgeber für die Schaffung von Ausbildungsstätten und die Ausbildung erzieherischen Personals waren Theodor Fliedner, der 1836 das erste Seminar für Kleinkinderlehrerinnen[26] und besonders Friedrich Fröbel, der 1840 den ersten Kindergarten gründete und 1849 eine erste Ausbildungsstätte. Er nannte sie Anstalt für allseitige Lebenseinigung durch entwickelnderziehende Menschenbildung.[27] Fröbel legte für die ein Jahr dauernde Ausbildung in Pädagogik, Menschenkunde, Religion, Geschichte, Fremdsprachen, Zeichnen und Singen die Zugangsvoraussetzungen fest. Erforderlich für die Aufnahme waren: Lebenslauf, Gesundheitszeugnis, Mindestalter, Gesangsfähigkeit, den Abschluss einer höheren Mädchenschule sowie die finanzielle Möglichkeit, Schulgeld zu bezahlen.

Fröbel legte damit den Grundstein für die Professionalisierung des erzieherischen Berufsstandes und die Herausbildung des Berufsverständnisses mit der Institutionalisierung von pädagogisch qualifiziertem Fachpersonal.

Eine Veränderung vollzog sich in der Weimarer Republik, als 1928 eine zweijährige gemeinsame Ausbildung für Hortnerinnen und Kindergärtnerinnen eingeführt wurde[28]. Jetzt prägte nicht mehr das Gedankengut Fröbels allein die Ausbildung. Reformpädagogische Bewegungen gewannen an Einfluss auf die Ausprägung der vorschulischen Erziehung. Allen voran die italienische Pädagogin Maria Montessori entwickelte den unter ihrem Namen firmierenden Begriff „Montessori Kinder-

---

[26] vgl.: Derschau, D. in Erning; Neumann; Reyer (Hrsg.): Geschichte des Kindergartens, Lambertus Verlag, Freiburg, 1987
[27] vgl.: Gary, G.: Geschichte der Kindergärtnerin von 1779 bis 1918, Edition Praesens, Wien, 1995
[28] vgl.: Derschau, D. in Erning; Neumann; Reyer (Hrsg.): Geschichte des Kindergartens, Lambertus Verlag, Freiburg, 1987

haus". In diesen Kinderhäusern wird eine „Pädagogik vom Kinde aus" verfolgt. Montessori sieht in der Kindergärtnerin eine „Erzieherin", welche die Entwicklung des Kindes zu einer selbstständigen und freien Persönlichkeit zum Ziel hat.[29]

Während der nationalsozialistischen Herrschaft 1933 – 1945 wurden alle reformpädagogischen Bewegungen niedergeschlagen und die pädagogischen Fachkräfte waren sowohl in ihrer Ausbildung als auch in der praktischen Arbeit ausschließlich den Zwecken des nationalsozialistischen Regimes untergeordnet.

Nach dem zweiten Weltkrieg setzten sich im wesentlichen die Kindergartenpädagogik und Kindergärtnerinnenausbildung in Anlehnung an die Tendenzen der Weimarer Republik fort.

Bis in die 60er Jahre bestimmten die Richtlinien aus dieser Zeit das Berufsbild und die Berufsausbildung.

4.2 Die gegenwärtige Ausbildungsstruktur und das sich wandelnde Erzieherbild

Die heutige Form der Ausbildungsstruktur basiert im wesentlichen auf der Rahmenvereinbarung der Kultusministerkonferenz von 1967, in der das gegenwärtige Berufsbild des Erziehers/der Erzieherin grundlegend entwickelt wurde. Es beinhaltet die ehemaligen Berufe der Kindergärtnerin, Hortnerin und Jugend- und Heimerzieherin. Sie sind in den Fachschulen für Sozialpädagogik, in Bayern in Fachakademien, zusammengefasst. Die neue Ausbildungsdauer beträgt seitdem nun drei Jahre und beinhaltet ein Berufsanerkennungsjahr.

15 Jahre nach der erstmaligen Bestimmung bundesweiter Richtlinien hatte sich die Praxis der einzelnen Bundesländer weit auseinander entwickelt, sodass mit dem Ziel einer erneuten Vereinheitlichung 1982 eine neue „Rahmenvereinbarung über die Ausbildung und Prüfung von Erziehern und Erzieherinnen" durch die Vereinbarungen der KMK (Kultusminister Konferenz) in Kraft trat[30]. Eine wesentliche Veränderung

---

[29] vgl.: Metzinger, A.: Zur Geschichte der Erzieherausbildung: Quellen - Konzeptionen - Impulse – Innovationen, Peter Lang, Frankfurt, 1993

[30] vgl.: Rauschenbach; Beher; Knauer: Die Erzieherin - Ausbildung und Arbeitsmarkt, 2. Auflage, Juventa, Weinheim, 1996

wurde im Bereich der Zugangsvoraussetzungen vorgenommen. Sie sah nach dem mittleren Bildungsabschluss ein Vorpraktikum, eine einschlägige Berufsausbildung oder eine mehrjährige Berufstätigkeit vor.

Die Rahmenvereinbarung der KMK von 2002 setzte die heute geltenden Richtlinien fest. Im Jahr 2006 wurde die Eingangsqualifikation nochmals verändert und angehoben und sieht heute den Abschluss der Klasse 12 (Fachabitur) als Schulabschlussvoraussetzung vor. Das bisher vorgeschriebene Vorpraktikum entfällt, der Zugang über eine einschlägige Berufsausbildung sowie mehrjährige Berufsausübung ist - nach Einzelfallprüfung - erhalten geblieben.

Das Grundkonzept der Ausbildungsform hat weiter Bestand, auch wenn sich die Didaktik des Ausbildungsganges seit dem Schuljahr 2006/2007 bindend verändert hat. Das ehemals gesamtdidaktische Konzept, das an dem psychoanalytischen Entwicklungsmodell von ERIK H. ERIKSON orientiert war, wird nun an das Konzept der Erzieherinnenausbildung von A. GRUSCHKA angelehnt. Dieses wurde zunächst im Schulkollegversuch in NRW erprobt. A. Gruschka legt 1985[31] die Ausbildung zur Erzieherin in Sequenzen von vier Ausbildungsphasen fest, in denen die Berufsausbildung im Rahmen von komplexen Aufgabenstellungen, Entwicklungsaufgaben und Schlüsselqualifikationen erworben wird. Der zuvor klassische Fächerkanon existiert nicht mehr. Zu begrüßen ist, dass die Persönlichkeitsbildung der angehenden Erzieherinnen verbunden mit der Förderung von allgemeinen und beruflichen Kompetenzen in den Mittelpunkt der Ausbildung gerückt ist. Eine stärkere Verbindung von Theorie und Praxis wird in erwachsenengerechterer Form mit handlungs- und projektorientiertem Unterricht vorgenommen. Ein entscheidender Nachteil ist, dass die Breitbandausbildung - bezogen auf die Einsatzfelder - in alter Form erhalten geblieben ist. Im jetzigen Ausbildungsmodell wird davon ausgegangen, dass das neue Berufsbild Erzieherin bei korrekter Bearbeitung von Entwicklungsaufgaben, Persönlichkeitsbildung und Vermittlung von Schlüsselqualifikationen erreicht werden kann. Die

---

[31] vgl.: Thiersch, R., Höltershinken, D.; Neumann, K.; Die Ausbildung zur Erzieherin, 1999, S.107

arbeitsfeldübergreifende Ausbildung der Erzieherin soll somit weiter für alle Berufsfelder qualifizieren.

Die gegenwärtige Ausbildungsstruktur kann demnach nur weiter als eine Breitbandausbildung und somit als Erstausbildung gesehen werden. Die unterschiedlichen Berufsfelder wie Krippe, altersgemischte Gruppen, Kindergarten, Horte (nur noch vereinzelt in NRW), OGS (offenen Ganztagsgrundschule), Heimbereich, Freizeit- und Jugendarbeit und weitere Formen nach dem KJHG (Kinder- und Jugendhilfegesetz)[32] sind in ihren Anforderungen so unterschiedlich, dass die vorhandene Ausbildung diesen Anforderungen nicht entspricht. Es sind berechtigte Zweifel angebracht, ob angesichts der Flexibilisierung der Gesellschaft, sich ändernder Lebenswelten von Kindern und der sich daraus ergebenden größeren Anforderungen und Komplexität der Berufsfelder eine Breitbandausbildung ausreicht.

Besonders gilt dies vor dem Hintergrund, dass faktisch keine Weiterbildung im Sinne einer Spezialisierung mit Aufstiegschancen besteht; im besten Fall gibt es in geringem Umfang die Möglichkeit, erweitertes Fachwissen über Fortbildung zu erwerben.

Die Angleichung an das europäische Ausland bezogen auf Zugangsvoraussetzung, die zeitliche Dauer und das Ausbildungsniveau sind zwingend erforderlich. Nach einer Übersicht von P. Oberhuemer findet die Ausbildung zur Erzieherin in Europa überwiegend auf dem Niveau von Universitäten oder Hochschuleinrichtungen statt.[33] Gefordert wird neben der Anhebung des Niveaus auf Fachhochschulebene, die Verbindung zur Lehrerausbildung, um nicht zuletzt längerfristig den Bereich der Elementarpädagogik gleichwertig in das Bildungssystem zu integrieren. Dabei wird nicht eine Vorverlegung der schulpädagogischen Grundorientierung angestrebt.[34]

---

[32] Erstes Gesetz zur Ausführung des Kinder- und Jugendhilfegesetzes - AG-KJHG - vom 12.12.1990 (GV NRW S.664), zuletzt geändert durch Gesetz vom 03.05.2005 (GV NRW S.498)
1. AG-KJHG
[33] vgl.: Thiersch, R.; Höltershinken, D.; Neumann, K. (Hrsg.), Die Ausbildung der Erzieherin, 1999, S.92
[34] vgl.: ebs. S.93

4.3 Die aktuellen berufsbiographischen Anforderungen und deren Auswirkungen

Seit einigen Jahren ist in Fachkreisen die Diskussion über den beruflichen Auftrag von Erzieherinnen aufgrund höherer Anforderungen besonders im Bereich der Vorschulerziehung neu entfacht. Zunehmend engagiert sich die Politik intensiv und erkennt die bildungspolitische Bedeutung des Berufsstandes an. Die öffentliche Diskussion, ausgelöst durch PISA und andere vergleichbare Studien, verdeutlicht einen Generationenkonflikt zwischen den Kindern und den Erwachsenen in dem Sinne, dass die Kinder zu wenig aus dem Bereich Bildung und Erziehung erhalten und Eltern und familiäres Umfeld mehr Bildung einfordern. Erzieherinnen sollen den Kindern immer mehr vermitteln. Die Qualitätsanforderungen an den heutigen Erzieherberuf sehen Kinder und Erzieherin in einer Bildungspartnerschaft. Diese setzt eine differenzierte Wahrnehmung von einzelnen Kindern und Praxisabläufen voraus. Beobachtung, Planung, kritische Reflexion des eigenen Handelns und eine umfangreiche Dokumentationen von Lernprozessen sind Schlüsselqualifikationen der heutigen Erzieherin. „Zahlreiche Aufgabenstellungen sind gleichzeitig zu erfüllen, etwa „Kindorientierung und Familienorientierung, Bildungsauftrag und Dienstleistungsauftrag, individuelle Bedarfsorientierung und Gemeinwesenorientierung."[35] Die eigentliche Herausforderung liegt in der Anschlussfähigkeit für diejenigen Kinder, die aufgrund ihrer familiären Verhältnisse nicht an ihren eigentlichen Fähigkeiten ansetzen können und damit gesamtgesellschaftlich langfristig zu kurz kommen. Die Verknüpfung von alltagsweltlichen und bildungssystemspezifischen Strategien, die gleichermaßen auf die individuelle und die gesellschaftliche Integration, Reproduktion und Entwicklung abzielt, erscheint als eine Herausforderung beim Abbau ungleicher Bildungschancen.

Wie bereits erwähnt ist vor diesem Hintergrund eindeutig festzustellen, dass die Anforderung an die Arbeit im Erzieherberuf extrem angestiegen ist. Parallel zu dieser Entwicklung könnte eine Intensivierung der Forschungsarbeiten zum dargestellten Berufsfeld erwartet werden. Spezielle oder empiri-

---

[35] Büttner, Ch.: Berufsrolle und -auftrag von Erzieher/innen
www.kindergartenpaedagogik.de/838.html, letzter Zugriff 14.10.2007

sche Untersuchungen im Berufsfeld der Erzieherinnen gibt es aber bisher nicht.

Explizite Forschungen speziell zum Thema „Erzieherin in Supervision" sind noch nicht durchgeführt worden. Aktuelle Erfahrungsberichte von Fachleuten liegen nicht vor. Nach 2000 sind in den aktuellen Fachzeitschriften keine Artikel zum Thema Supervision im Arbeitsfeld der Erzieherin in Kindertagesstätten erschienen. Vereinzelt sind Artikel in der Fachzeitschrift Supervision – Mensch, Arbeit, Organisation Mitte der 90er Jahre veröffentlicht worden. Ebenso sind Artikel zum Thema Supervision in einzelnen Fachzeitschriften für Kindertagesstätten nachzulesen. Sie datieren alle relativ weit zurück wie in „Welt des Kindes", Artikel 2/1995[36] und „Kindergarten heute" 6/7 1997 und 6/1993.[37]

Aus dem oben genannten Defizit ergab sich für mich die Notwendigkeit, Studien und Untersuchungen heranzuziehen, die aus einem partiell ähnlichen Berufsfeld vorliegen. Es gibt verschiede Untersuchungen die dem Aufgabenfeld der Lehrerinnen in Schule und den damit verbundenen Kontexten nachgegangen sind.

Zunächst soll das Forschungsprojekt der Universität Potsdam, geleitet von Professor Dr. Uwe Schaarschmidt, vorgestellt werden. Das Thema der Untersuchung lautete: „Die Bewältigung psychischer Anforderungen durch Lehrkräfte."[38] Die Untersuchung, an der Lehrerinnen und Lehrer aller Schulformen teilgenommen haben, hat im Jahr 2000 begonnen und ist im Dezember 2006 abgeschlossen worden. Sie wurde in zwei Abschnitte aufgeteilt. Der erste Abschnitt (2000 - 2003) galt der differenzierten Analyse der vorgefundenen Belastungssituation und der dafür verantwortlichen Bedingungen; Vergleiche zu anderen Berufen waren mit eingeschlossen. Im Anschluss daran ging es in der zweiten Etappe (2003 bis Dezember 2006) darum, Maßnahmen zu erproben und darauf Unterstützungsangebote auszuarbeiten, die zu

---

[36] Welt des Kindes, Fachzeitschrift für Kindertageseinrichtungen, Ausgabe 2/1995, Kösel Verlag

[37] Kindergarten heute, Fachzeitschrift für Erziehung, Bildung und Betreuung von Kindern, Ausgabe 6/7; 1993; Ausgabe 6, 1997, Verlag Herder

[38] vgl.: Schaarschmidt, U.; Arnold, H.; Kieschke, U.: Die Bewältigung psychischer Anforderungen durch Lehrkräfte, Information der Universität Potsdam, Oktober 2007

einer Belastungsreduktion führen. Insgesamt nahmen an beiden Untersuchungsabschnitten 16.000 Lehrerinnen und Lehrern aus dem gesamten Bundesgebiet teil. Darüber hinaus sind 2500 Lehramtstudierende und Referendare mit einbezogen worden. An der ersten Etappe haben 1500 Lehrer und Lehrerinnen aus anderen Ländern teilgenommen, sowie annähernd 8000 Vertreter anderer Berufe, die zu Vergleichszwecken mit einbezogen worden sind.

Hierzu ist das diagnostische Instrument AVEM von Schaarschmidt & Fischer 1996 angewendet worden. In ihm lassen sich vier relativ stabile Muster auffinden.

(G) bedeutet, die einerseits psychische Gesundheit, andererseits gesundheitliche Risiken. Gesundheit ist gekennzeichnet durch Engagement, Belastbarkeit und Zufriedenheit.

(S) Schonung steht für reduziertes Engagement, Ruhe und Gelassenheit und relative Zufriedenheit,

(A) steht für Selbstüberforderung, gekennzeichnet durch exzessive Verausgabung und verminderte Erholungsfähigkeit bei eingeschränkter Belastbarkeit und Zufriedenheit.

(B) bedeutet Überforderung, gekennzeichnet durch reduziertes Engagement bei eingeschränkter Erholungs- und Widerstandsfähigkeit sowie umfassender Resignation. [39]

Die Beanspruchungssituation von Lehrerinnen weist deutliche Differenzierungen auf, die klar ausweisbaren Schwerpunkten unterliegen. Es gibt deutlich erkennbare Gemeinsamkeiten in bezug auf Geschlecht und Alter, andererseits ist es erstaunlich, dass bemerkenswerte Populationsunterschiede vorliegen. Untersucht wurden in verschiedenen Regionen die individuellen Muster des arbeitsbezogenen Verhaltens und Erlebens, sowie die persönliche Art und Weise der Auseinandersetzung mit der Berufsanforderung.

Die Universität Potsdam ordnet die Untersuchung in ein übergreifendes Forschungsprojekt zur psychischen Gesundheit von Berufen mit erhöhter psychosozialer Beanspruchung ein.

In der Untersuchung wird der Frage nach den persönlichen Ressourcen nachgegangen, auf die Lehrer und Lehrerinnen

---

[39] vgl.: Schaarschmidt, U.; Arnold, H.; Kieschke, U.: Die Bewältigung psychischer Anforderungen durch Lehrkräfte, Studie der Universität Potsdam, Oktober 2007

bei der Bewältigung ihrer beruflichen Anforderung zurück-
greifen können. Diese entscheiden in hohem Maße mit, wie
Belastungen verarbeitet werden. Persönliche Ressourcen sind
hier besetzt mit Merkmalen wie Einstellungen, Ansprüchen,
Erwartungen gegenüber der Arbeit, Erholungsfähigkeit, Be-
wältigungskompetenzen und übergreifende Emotionen. Diese
Erlebensmerkmale werden unter dem Sammelbegriff: Ar-
beitsbezogenes Verhalten und Erleben zusammengefasst.

Bei der Frage nach den Unterschieden ist herauszuarbeiten,
was die gesunden gegenüber den beeinträchtigten Lehrern
und Lehrerinnen auszeichnet. Welche Bedingung kann für
eine gesunde Entwicklung im Sinne der Fragestellung der
„Salutogenese"[40] vgl. (Antonovski, 1979, 1987; Becker 1986;
Ducki & Greiner, 1992; Udris, 1990 et al., 1994) [41] herange-
zogen werden?

Es ist festzustellen, dass sich hinter dem gleichen Grad allgemeinen Belastungserlebens (Lehrerstress) qualitative Unterschiede verbergen und sich dieses gesundheitlich unterschiedlich ausdrücken kann.

Das zusammenfassende Ergebnis dieser Studie zeigt, dass
sich die aufgefundenen Musterverteilungen in reiner Form
nicht zuordnen lassen. Deutlich geworden ist jedoch, dass ein
hoher Prozentsatz zum Personenkreis der Risikomuster A
und B gehört.

Im Geschlechtervergleich weisen insbesondere Frauen ein
ungünstigeres Bild der Beanspruchungssituation auf, die auf
die in besonderen Maß höhere Belastung durch Beruf und
Familie zurückzuführen ist.

Im Altersvergleich finden alle Musterkonstellationen Nieder-
schlag. Wenn sich für höhere Altersgruppen keine Verände-

---

[40] „Salutogenese von A Antonovski geprägte Bezeichnung für den individuellen Ent-
wicklungsprozess von Gesundheit, der sich als zeitbezogenes Ereignis personaler
Lern- und Reifungsprozesse, genet. Ausstattung, physiol. Verhaltens und soziobiol.
Umweltfaktoren darstellt; nach A. Antonovsky kann der Mensch trotz starker Belastungen gesund bleiben aufgrund eines Kohärenzgefühls (sog. sence of coheren-
ce) bestehend aus 3 Komponenten: **1.** konstitente u. flexible Umwelt; **2.** Gleichge-
wicht zwischen Anstrengung und Erholung, Handhabkeit der verfügbaren Ressourcen; **3.** Sinnhaftigkeit des Lebens– u. Beteiligung an Entscheidungsprozessen
für die Gruppe od. Gesellschaft." de Gruyter, Pschyrembel– Klinisches Wörterbuch,
261. Auflage, 2007, S. 1695
[41] vgl.: Schaarschmidt, U.; Arold, H.; Kieschke, U., Die Bewältigung psychischer Anforderungen durch Lehrkräfte, Studie der Universität Potsdam, 2007

rung darstellen lässt, dann wird durch das vorzeitige Ausscheiden aus dem Beruf die Verschlechterung dargestellt.

Im Vergleich der Schulformen sind allgemeine Tendenzen und auch regionale Besonderheiten zu erkennen. Das Risikomuster A ist insbesondere bei Grundschullehrerinnen und Gymnasiallehrerinnen zu erkennen. Beide Schulformen sind besonders angetan, Engagement und damit auch, bei entsprechender Disposition, Überengagement zu produzieren. Das Risikomuster B wird in der Untersuchung bevorzugt in Hauptschule und Gesamtschule beobachtet.

Im Bereich der konkreten Arbeitsbedingung sind überwiegend schwierige Schüler, Klassenstärke und Stundenzahl genannt worden. Diese Aussage wird auch von den gesündesten Lehrerinnen als vorrangig belastend erlebt.

In der Zusammenfassung der Rahmenbedingungen lässt sich festhalten, dass die sozialen Faktoren wie Offenheit im Kollegium, soziales Klima in der Schule, entlastende Gespräche im privaten Bereich und Zeit für die Familie einen deutlichen Zusammenhang mit den Mustern erkennen lassen. Speziell die Mustergruppe A und B erleben den protektiven Faktor soziale Unterstützung nur unzureichend. Ein Schwerpunkt der unterstützenden Maßnahmen sollte demzufolge im sozialkommunikativen Bereich liegen. Dazu zählen Aussprachemöglichkeiten im Team und Supervision.

Insbesondere aber sind es die außerhalb der Schule erlebten Entspannungs-, Erholungs- und Kompensationsmöglichkeiten, die den Unterschied der Muster erkennen lassen. [42]

Abschließend sind das Vorfeld der Berufstätigkeit, Studienorientierung und Studium in den Blick zu nehmen. Schon während des Studiums, so die Untersuchung, ist festzustellen, dass sich die Vertreter der vier Muster hinsichtlich der Einschätzung von (durch das Studium erworbenen) beruflichen Kompetenzen und ihre Berufsmotivation sich unterscheiden. Für B bestehen unter diesem Aspekt deutlich ungünstigere Voraussetzungen, besonders im Bereich sozialkommunikativer Verhaltenskompetenzen. Eine wirklichkeitsnahe Vorbereitung, hinsichtlich Eignung und Anforderungs-

---

[42] vgl.: Schaarschmidt, U.; Arold, H.; Kieschke, U., Die Bewältigung psychischer Anforderungen durch Lehrkräfte, Studie der Universität Potsdam, 2007

profil für diesen Beruf, ist unter präventiven Gesichtspunkten dringend erforderlich. [43]

Es kann der Rückschluss gezogen werden, dass bei Erzieherinnen vergleichbare Ergebnisse zu erwarten sind. Insbesondere das Risikomuster A, das sich u. a. bei Grundschullehrerinnen deutlich erkennbar gezeigt hat, kann ebenso auch bei Erzieherinnen anzutreffen sein. Auch sie arbeiten mit hohem Engagement und neigen, bei entsprechender Disposition, zu Überengagement, das sich dann in gesundheitlicher Beeinträchtigung bemerkbar macht. Erzieherinnen weisen im Vergleich zum Durchschnitt der Beschäftigten im öffentlichen Dienst überdurchschnittlich hohe Ausfallzeiten auf. Erzieherinnen erleben Lärm, ungünstige Körperhaltung, Zeitdruck und Stress sowie schwieriges Klientel als besonders belastend.[44]

Ebenso ist der Aspekt „schwierige Schüler" auf schwierige Kindergartenkinder zu übertragen. Darüber hinaus ist der Belastungsgrad der Erzieherin in hohem Maße durch Eltern gekennzeichnet. Häufig werden Eltern- Kind- Konflikte an Erzieherinnen unausgesprochen übertragen, vor allem dann, wenn Eltern ihre Erzieherrolle nicht in ausreichendem Maße wahrnehmen können. Ebenso wird die Umsetzung des gesetzlichen Bildungs- Erziehungs- und Betreuungsauftrags als stärker belastend erlebt[45]. Das soziale Klima in einer Kindertagesstätte ist von ebenso entscheidender Bedeutung für die psychischen Anforderungen an die Erzieherin wie das in der Schule. Hat die Erzieherin die Möglichkeit, entlastende Gespräche im privaten Bereich zu führen, sind geringere gesundheitliche Auswirkungen vorzufinden. Wie die Lehrerin ist auch die Erzieherin auf unterstützende Maßnahmen wie Aussprachemöglichkeiten im Team oder in Supervision angewiesen. Hinsichtlich der beruflichen Eignung ist auch hier der Transfer von der Grundschullehrerin zur Erzieherin nahe liegend, dass Menschen mit sozial- kommunikativen Fähigkeiten in diesem Beruf bessere Chancen haben, ihn psychisch gesund über viele Jahre ausüben zu können.

---

[43] vgl.: Schaarschmidt, U.; Arold, H.; Kieschke, U., Die Bewältigung psychischer Anforderungen durch Lehrkräfte, Studie der Universität Potsdam, 2007
[44] Kunz, T.: Gesundheit in Kindertageseinrichtungen, in Textor, M. R.: Kindergartenpädagogik Online-Handbuch, www.kindergartenpaedagogik.de/1556.html
[45] ebs.

Thomas Unterbrink und Joachim Bauer nehmen Bezug auf das Freiburger Modell, in dem Lehrerchoaching etabliert worden ist als geleitete Reflexion der beruflichen Arbeit in Gruppe. Es sind Forschungen mit dem Ziel durchgeführt worden, der überdurchschnittlich hohen Frühberentungsrate von Lehrerinnen und Lehrern auf die Spur zu kommen.[46] „Lehrerinnen kämpfen gegen Vorurteile an. Lehrerinnen sehen sich mit der geschürten, öffentlichen Meinung von vielen Ferien und nur einen halben Tag in der Schule seiend konfrontiert."[47]

Erzieherinnen sehen sich mit einem Berufsbild konfrontiert, dass überwiegend nur in „spielender Weise" die Arbeit verrichtet wird. Ihre teilweise bei schönem Wetter draußen verbrachte Arbeitszeit führt nicht selten zu Unverständnis und Missgunst.

Beide, Lehrerinnen und Erzieherinnen, scheinen in der öffentlichen Wahrnehmung, einen entspannten Berufsalltag zu haben. Das Gegenteil ist der Fall. Forschungsergebnisse und Erfahrungen in der Gruppenarbeit mit Lehrerinnen haben immer wieder gezeigt, dass der Arbeitsaufwand besonders hoch und die innerschulischen Beziehungen besonders belastend teilweise sogar unerträglich sind. Lehrerinnen und ebenso Erzieherinnen haben während der Arbeitszeit keine Chance, einen Ort oder eine Situation der kurzfristigen Ruhe und Besinnung zu finden. Sowohl in Klassenzimmern als auch im Gruppenraum der Erzieherin sind aufgeregte und teilweise konfliktbehaftete Situationen alltäglich, in denen die Erzieherin wie Lehrerin immer in einer exponierten Rolle ist und mit vielerlei Anliegen, Wünschen und Ansprüchen konfrontiert wird. Jede Einzelne erlebt und bewertet dieses komplexe Beziehungsgeflecht unterschiedlich. Da dieser Prozess unbewusst abläuft, sind die Reaktionen auch nicht steuerbar. Manche Situationen werden als bedrohlich oder ängstigend eingestuft, sie lösen somit biologische nicht beeinflussbare Mechanismen aus.

---

[46] vgl.: Unterbrink, Th/ Bauer, J. in Zeitschrift Supervision Mensch Arbeit Organisation 4 2006, S. 8
[47] vgl.: Unterbrink, Th/ Bauer, J in Zeitschirft Supervision Mensch Arbeit Organisation 4 2006, S. 8

Lehrerinnen und auch Erzieherinnen leiden zunehmend unter Stresserkrankungen wie z. B. Burn-Out, Depression und Angst. In der öffentlichen Diskussion, im Austausch mit Kollegen, im Gespräch mit Eltern und auch Schülern werden der schwierigen Aufgabe, den unterschiedlich bewerteten Beziehungen Rechnung zu tragen, viel zu wenig Aufmerksamkeit geschenkt. [48] Weiterhin ist in der Analyse festzustellen, dass an die Arbeit der Erzieherinnen von Seiten der Eltern und der Träger in bezug auf Erziehung und Bildung des Kindes eine Fülle von Erwartungshaltungen herangetragen wird. In Kindergartenteams und im Kollegenkreis ist der Leistungsdruck auch untereinander häufig gegeben.

Im Selbstbildnis sieht sich die Erzieherin als in hohem Maße anpassungsfähig, konfliktscheu, einfühlsam, belastbar, leistungsbereit und mit Wünschen nach Harmonie und Anerkennung. Weiter sagt die Erzieherin über sich, dass sie Gefühle von Ohnmacht, Überforderung und Unsicherheit häufig spürt.[49]

Gleichzeitig existiert sowohl in Schule als auch in Kindertagesstätten kein geübtes Reflexionssystem, das dem nötigen Austausch in konkreter Fallarbeit, in Elterngesprächen oder kollegialem Fachgespräch Raum gibt. Angelica Lehmkühler-Leuchner schreibt in ihrem Artikel über Erzieherinnen: „Es gibt keine Lernkultur im Sinne von Reflexion alltäglicher pädagogischer Arbeit, um auf der Grundlage tieferen Verstehens situations- und Kind angemessen handeln zu können."[50]

4.3.1 Der Berufsstand unter dem Genderaspekt

Das sich verändernde Familienbild bringt mit der Auflösung der traditionellen Kleinfamilie auch mit sich, dass viele Kinder in Ein-Eltern-Familien groß werden. Häufig sind es die Mütter, die nach einer Trennung oder Scheidung die Kindererziehung übernehmen. Der Mann, als direkte Bezugsperson in seiner Rolle als Vater, wird von vielen Kindern nicht mehr

---

[48] vgl.: Unterbrink, Th/ Bauer, J in Zeitschrift Supervision Mensch Arbeit Organisation 4 2006, S. 10

[49] Möller-Stürmer, S., in Fachzeitschrift Kindergarten Heute, 6/1993, ...jetzt noch Supervision, S. 40ff

[50] Lehmkühler-Leuchner, A., in Fachzeitschrift Supervision 2/ 1984, Supervision für Erzieherinnen in Kindertageseinrichtungen, S. 7ff

kennen gelernt. Männer in sozialpädagogischen Einrichtungen wie Kindergärten sind noch immer eine Minderheit. So ist nachzuvollziehen, dass der Ruf nach männlichen Erziehern immer lauter wird. Das Statistische Bundesamt für Geschlechterverhältnis benennt folgende Zahlen: Es liegt eine Stagnation auf niedrigem Niveau vor. Zum Stichtag 31.12.2002 lag der Männeranteil in Kindertagesstätten bei nur noch 3,84 % im Vergleich zu 1998 (vgl. Swichboard Nr.155, Dez. /Jan, S. 11)bei 5,04 %. Der tatsächliche Anteil ist unverändert, wenn man bedenkt, dass die Anzahl der männlichen Beschäftigten im wirtschaftlich-technischen Bereich nahezu halbiert worden ist. Der Männeranteil im ausschließlich pädagogischen Bereich beträgt 2,67 %. Die Zahlen von 2002 belegen erneut, dass die Behauptung übertrieben ist, dass Männer „meistens" Leitungspositionen besetzen. Richtig ist, dass der Männeranteil in Leitungen mit 4,80 % höher ist, als der im Gruppendienst, aber nur 6,41 % der in Kindertagesstätten beschäftigten Männer sind Leitungskräfte. Bei den Frauen sind 5,08 % in Leitungspositionen, in der Gruppenleitung sind die Frauen mit 5,22 % etwas höher besetzt als die Männer mit 4,92 %. Auffallend ist, dass Männer häufiger in Ergänzungs- und Zweitkraftpositionen arbeiten.[51]

In der Erhebung wird deutlich, dass es regional erhebliche Unterschiede gibt. In den Stadtstaaten wie Bremen und Hamburg, gefolgt von Berlin und Schleswig-Holstein ist der höchste Anteil männlicher Erzieher zu verzeichnen. Schlusslichter sind Bayern, Sachsen-Anhalt, Baden Württemberg und Nordrhein- Westfalen mit einem Männeranteil von unter 3 %.

Große Unterschiede gibt es zwischen den verschiedenen Trägern. Großstädtische Kindertagesstätten in freier Trägerschaft, wie Elterninitiativen, beschäftigen prozentual mit 10,22 % die meisten Männer.

Die Ausbildungsabschlüsse der männlichen Beschäftigten zeigen deutliche Unterschiede im Vergleich zu Frauen auf. So haben knapp 10 % der Männer Hochschul- oder Fachhochschulabschlüsse, bei den Frauen liegt dieser Anteil bei unter

---

[51] vgl.: Rohrmann, T. Männer in Kindertageseinrichtungen: Immer noch eine kleine Minderheit, in: Switchboard Zeitschrift für Männer in Jugendarbeit, 2005, Heft 4/5, S. 20-21, in: www.maennerzeitung.de/downloads /infoblaetter/169.pdf

3 %. Während Zweidrittel der Frauen Erzieherinnen sind, sind dies nur drei von zehn Männern. Mehr als ein Viertel der Männer hat eine Ausbildung in einem nicht sozialen oder pädagogischen Bereich, fast jeder fünfte männliche Mitarbeiter in Kindertagesstätten arbeitet sogar ohne Ausbildung. Das bedeutet, ein gewisser Teil männlicher Beschäftigter ist überdurchschnittlich qualifiziert, ein nicht unerheblicher Teil hat dagegen keine pädagogische Qualifikation.

Die Verschlechterung der Arbeitsbedingungen, die sich zunehmend in befristeten Arbeitsverhältnissen in Teilzeitarbeitsangeboten ausdrücken, lassen es grundsätzlich für alle Beschäftigen schwer werden, in Kindertageseinrichtungen zu arbeiten. Männer wie Frauen müssen aufgrund der Kürzungen Teilzeitstellen annehmen, die Einrichtung wechseln oder ganz aus diesem Berufsfeld ausscheiden. Die in pädagogischen Einrichtungen benötigten männlichen und weiblichen Erziehern und Erzieherinnen brauchen feste unbefristete Arbeitsplätze, damit sie als verlässliche Bezugspersonen arbeiten können.[52]

4.3.2 Spezifische Anforderungen an die Berufsanfängerin

Berufsanfängerinnen sehen sich mit einer Fülle von Erwartungen und Aufgaben konfrontiert. Ihnen stehen Kinder, Eltern und Kollegen gegenüber, die mit unterschiedlichen Ansprüchen der Berufsanfängerin begegnen. Angesichts hoher Anforderungen an die Lehr- und Lernarrangements, die Erzieherinnen im beruflichen Alltag täglich anwenden müssen, fehlen ihnen hierfür noch häufig die eigenen Lernerfahrungen. Lilian Fried (Professorin der Universität Dortmund, Institut für Sozialpädagogik, Erwachsenenbildung und Pädagogik der frühen Kindheit schreibt in einer Studie der Robert Bosch Stiftung 2005) stellt fest, dass in der Entwicklung der Professionalität im Verlauf der Aus- Fort- und Weiterbildung die zugrunde gelegten Ausbildungskompetenzen sich zunächst als sehr diffus, abstrakt oder unkonkret darstellen.[53] Die Beg-

---

[52] vgl.: Rohrmann, T. Männer in Kindertageseinrichtungen: Immer noch eine kleine Minderheit, in Zeitschrift für Männer in Jugendarbeit, 2005, Heft 4/5, S. 20-21, in: www.maennerzeitung.de
[53] vgl.: Fried, L. in PIK Profis in Kitas; Studie der Robert Bosch Stiftung, 2005, ohne S. http://www.profis-in-kitas.de

riffe der verschiedenen Kompetenzen wie Sozial- Methoden-Sach- und Personalkompetenz sind weithin unbestimmt und werden erst im zunehmenden beruflichen Handeln gefüllt. Den Berufsanfängern ist die konkrete Wissens- und Könnensebene nicht eindeutig klar. „Forschungen zur Entwicklung der pädagogischen Fachkräfte in den verschiedenen Einrichtungen unterstreichen, dass Professionalität bzw. Expertise erst im Verlauf von Praxis ausgebildet werden kann. In der Ausbildung kann man also berufliche Handlungskompetenz bestenfalls anbahnen.[54]"

Lilien Fried sagt: „Internationale Forschungen belegen, dass die Entwicklung von Professionalität, bzw. Expertise um so eher gelingt, je klarer die Professionalisierungsvorstellungen sind, denen man sich im Verlauf der Aus-, Fort-, und Weiterbildung annähern will. Bei den meisten Konzepten sind die in der Ausbildung zugrundegelegten Professionsbildern implizit, also diffus oder sie sind abstrakt, demnach unkonkret. Insbesondere wird häufig versäumt, exakt zu bestimmen, was man mit beruflicher Handlungskompetenz meint. Analysen verschiedener Konzepte verdeutlichen z.B., dass die verbreiteten Begriffe Sozial-, Methoden-, Sach- und Personalkompetenz weithin unbestimmt sind, also beliebig gefüllt werden können. Häufig bleibt offen, welches Set von Wissens- und Könnenskompetenzen damit gemein ist."[55] Deshalb stehen vor allem Berufsanfänger vor der großen Herausforderung, die umfassenden Aufgaben im Rahmen ihrer beruflichen Handlungskompetenz professionell zu erfüllen. Dabei kann davon ausgegangen werden, dass sie grundsätzlich einerseits Expertinnen für frühkindliche Bildung und andererseits für aktive Problemlösung sein müssen und sind. Angesichts der komplexen Gegebenheiten und Anforderungen sind selbstreflexive und selbstkritische Erkenntnishaltungen von Nöten, um ihre Entscheidungen angemessen vorbereiten und ihr Handeln kritisch hinterfragen zu können.

Forschungen zur Entwicklung pädagogischer Fachkräfte in verschiedenen Einrichtungen unterstreichen, dass Professio-

---

[54] ebs.
[55] Fried, L. in PIK Profis in Kitas; Studie der Robert Bosch Stiftung, 2005, ohne S. http://www.profis-in-kitas.de

nalität erst im Verlauf von Praxis ausgebildet werden kann. Erzieherinnen als Berufsanfänger, insbesondere junge Erzieherinnen, die in der Regel ihren Berufsabschluss mit dem 21. Lebensjahr erreichen, können bestenfalls in der Ausbildung eine Anbahnung ihrer beruflichen Handlungskompetenz erworben haben.[56]

4.3.3 Spezifische Anforderungen an die Gruppenleiterin

Erzieherinnen, die im Gruppenleiterdienst stehen, haben vielfältige Aufgaben zu erfüllen. Im Bereich Bildung und Erziehung steht die individuelle geistige, emotionale, motorische und soziale Förderung im Mittelpunkt. Sie wird ergänzt durch die Förderung von Interessen und Neigungen eines jeden einzelnen Kindes, aber auch die Aufarbeitung von Defiziten ist Teil der individuellen Bildung und Erziehung. Hier ist insbesondere die Sprachförderung zu nennen. Allein in NRW sind beim ersten landesweiten einheitlichen Sprachtest aller Kinder im Alter von vier Jahren annähernd 50 % auffällig getestet worden und immerhin knapp ein Drittel der getesteten Kinder benötigen spezifische Förderung. Zur Behebung dieser Defizite sind Spezialprogramme entwickelt worden, die flächendeckende Umsetzung ist jedoch noch nicht erfolgt. Viele Erzieherinnen sehen es bis dahin mit als ihre Aufgabe an, diesen Kindern Sprachförderprogramme anzubieten.

In den Bereichen Ernährung und Bewegung ist der Förderbedarf vieler Kinder weiter steigend. Besonders in Einrichtungen, die in sozialen Brennpunkten liegen, mangelt es den Kindern an ausreichender und gesunder Ernährung. In diesen Häusern ist ein weiteres wichtiges Aufgabengebiet für die Erzieherin ein gesundes Essen und mittags auch warmes Essens bereit zu halten.

Im Bereich Bewegung fehlt es heute vielen Kindern an Möglichkeiten zu rennen, zu klettern, zu toben, zu springen, allgemein sich zu bewegen. Schon der Weg in die Kindertagesstätte wird in der Regel mit dem Auto vorgenommen, so dass der natürliche Fußweg entfällt und als Bewegungsmöglichkeit nicht zur Verfügung steht. Diese Bewegungsarmut hinterlässt

---

[56] vgl.: ebs.

ihre Spuren und drückt sich in gesundheitlichen Beeinträchtigungen aus. Insbesondere ist hier der nicht ausreichend aufgebaute Muskelbereich zu nennen, der in der Folge schon bei Kindergartenkindern zu Haltungsschäden führt. Erweiterte Konsequenz daraus ist eine erhöhte Verletzungsgefahr bei einem Sturz, der insgesamt schlimmere Folgen nach sich zieht. Bereits im Jahr 2002 ist vom Land Baden-Württemberg die Studie mit dem Titel „Bewegte Schule" in Auftrag gegeben worden, um herauszufinden, wie der Schulweg als Fußweg wieder attraktiver gemacht werden kann. Ziel ist es, eine tägliche Bewegungseinheit vorzunehmen. Das Heidelberger Institut für Energie- und Umweltforschung, (Ifeu) hat in einer Studie die Vorteile allein durch den Fußweg zur Schule im Bereich Bewegung und Sozialkompetenz deutlich herausgestellt.[57] Diese Erkenntnisse bedeutet für die Erzieherin, in ihrem täglichen Arbeitsablauf, Bewegungsbereiche zu schaffen und psychomotorische Aktivitäten mit aufzunehmen.

Unter dem Aspekt Gemeinschaftserziehung verfügen viele Kinder der heutigen Zeit nur über eine unzureichende Basiskompetenz. Sich in Gemeinschaft bewegen, Teil von Gruppe zu sein und Bedürfnisse der anderen Kinder akzeptieren und berücksichtigen können, fällt auffallend vielen Kindern extrem schwer. Konflikte und fehlende Konfliktlösungsmöglichkeiten versetzen die Kinder in Hilflosigkeit, so dass die Probleme nicht selten unter Anwendung von Gewalt gelöst werden.

Erzieherinnen sind darüber hinaus mit Fragen und Anliegen von Seiten der Eltern konfrontiert, die oft weit über die eigentlichen Erziehungsthemen hinausgehen und in systemische Familienfragen einmünden, daraus resultieren Überforderungsphänome.

---

[57] vgl.: Institut für Energie- und Umweltforschung, IFEU, Heidelberg, Stand der Mobilitätserziehung und Beratung in deutschen Schulen und Erarbeitung eines beispielhaften Ansatzes für die nachhaltige Mobilitätserziehung in Schulen unter Berücksichtigung von Umwelt- und Gesundheitsaspekten, 2005, in www.ifeu.de/bildungsinformation/pdf/Kurzfassung.pdf

4.3.4 Spezifische Anforderungen an die Leiterin einer Einrichtung

Neben den oben genannten Aufgaben für die Erzieherin im Gruppendienst, ergeben sich für die Leiterin der Einrichtung vielfältige weitere Aufgaben. Sie setzten sich zusammen aus den Bereichen: Personalmanagement, Teamleitung und Teamentwicklung, Elternarbeit in Form von Beratungsgesprächen unterschiedlichster Art, Zusammenarbeit mit Eltern in Ausführung der gesetzlichen Mitbestimmung, Organisationsplanung und Organisationsentwicklung. Die Leiterin ist zuständig für die Zusammenarbeit mit dem Träger und mit weiteren Institutionen aus den Bereichen, Bildung, Erziehung und Aufsicht wie: Schule, Gesundheitsbehörde, Jugendamt, Beratungsinstitutionen von der Erziehungsberatung über den Kinderschutzbund bis zur sozialpädagogischen Familienhilfe. Darüber hinaus zählt zu ihren Aufgaben die Öffentlichkeitsarbeit, die Konzeptentwicklung in Zusammenarbeit mit dem Team und ggf. Elternvertretern und Träger sowie administrative sowie Etat verwaltende Aufgaben.

Die Leiterin ist durch ihre Basisausbildung in keiner Weise besonders auf diese Aufgaben hin ausgebildet worden. Es obliegt ihrem persönlichen Engagement sich einzuarbeiten und der Herausforderung Stand zu halten. Möglichkeiten zu Zusatzqualifikationen allgemeiner Art bestehen in Form der Ausbildung zum Sozialmanager, der partiell Aufgabenfelder, die auch im Leitungsbereich anzutreffen sind, mit behandelt. Im Programm der Weiterbildungsangebote für Erzieherinnen sind Tagesfortbildungen bis hin zu mehrtägigen Fortbildungen für Leiterinnen aufgenommen. Die Teilnahme erfolgt jedoch nur aufgrund persönlicher Motivation.

4.4 Arbeitsbelastungen im Erzieherberuf

In einer Untersuchung der GEW (Gewerkschaft Erziehung und Wissenschaft) aus dem Jahr 2007[58] wurde die Arbeitsbelastungen mittels einer Liste von 35 Merkmalen erfragt. Die Erzieherinnen wurden gebeten, auf einer fünfstufigen Skala von „kaum belastend" bis „stark belastend" ihre Bewertung vorzunehmen. Acht Merkmale verdichteten sich, zwei Items blieben als Einzelpunkte stehen, da sie keinem Faktor zugeordnet werden konnten. Als Belastungsfaktoren für alle Erzieherinnen, gleich welchen Einsatzbereiches und von der Berufsanfängerin bis zur Leiterin, sind folgende Merkmale genannt worden.

Belastungsfaktoren:

- Hoher Geräuschpegel

- Personal- und Zeitmangel

- Körperliche Anstrengung

- Interaktion der Kinder

- Qualitative Arbeitsbelastung

- Interaktion mit den Eltern

- Räumlich- materielle Ausstattung

- Eltern holen Kinder nicht rechtzeitig ab

- Verständigungsschwierigkeiten

- Interne Kommunikation

Die hohe Geräuschbelastung bei der Arbeit und der ständige Personal- und Zeitmangel. Als mäßig belastende Faktoren werden genannt: Körperliche Anstrengungen, Interaktion mit den Kindern und qualitative Arbeitsbelastung. Als eher gering werden eingestuft: Räumlich- materielle Ausstattung, Sprach- und Verständigungsschwierigkeiten mit Kindern und Eltern, die innere Kommunikation sowie die Tatsache, dass Kinder nicht rechtzeitig abgeholt werden.

---

[58] vgl.: Wie geht's im Job, Kita. Studie der GEW, (Gewerkschaft Erziehung und Wissenschaft), Oktober 2007, S. 41 – 45,
http://www.gew./Binaries/Binary27748/GEW-Kitastudie.pdf

Erzieherinnen erleben mit zunehmendem Alter die Belastung von „Zeit- und Personalmangel" deutlich stärker. Ebenso wird die „qualitative Arbeitsbelastung" als generelle „Überbelastung" erlebt, dazu zählt auch der konstant hohe Geräuschpegel, der die Arbeitsbelastung mit zunehmendem Alter erschwert.

Qualitative Arbeitsbelastung wird in Anlehnung an BGW-DAK-Studie[59] verstanden als: „Unter qualitativer Arbeitsbelastung wird die Überforderung durch Aufgaben verstanden, die dadurch entstehen, dass bestimmte Teilleistungsbereiche überbeansprucht werden (z.B. Konzentration) oder die im allgemeinen zu hohen Ansprüchen an die Kompetenzen und Fähigkeiten der Arbeitsperson gestellt werden."[60]

Im Gegensatz dazu stellt die Studie fest, dass die Interaktion zwischen den Eltern und der Erzieherin mit zunehmendem Alter der Erzieherin als weniger belastend empfunden wird. Berufs- und Lebenserfahrung lassen einen souveräneren Umgang mit Eltern und Kindern entstehen.

Schlussfolgernd wird in der Studie festgestellt, dass die Berufsgruppe der Erzieherinnen im Vergleich zur berufstätigen Bevölkerung der Bundesrepublik überdurchschnittlich ausgeprägte Stressfaktoren aufweist. Stresssituationen sind besonders ausgeprägt, wenn folgende Konstellationen von Arbeitsbedingungen vorliegen: Hohe quantitative und qualitative Arbeitsbelastungen sowie häufige Arbeitsunterbrechungen in Kombination mit geringer Aufgabenvielfalt und eigenem Handlungsspielraum in der Arbeit.

Ein Ergebnis der Studie ist ferner, dass Erzieherinnen insbesondere Umgebungsbelastungen wie Lärm am Arbeitsplatz als stark beeinträchtigend empfinden[61].

---

[59] Berufsgenossenschaft für Gesundheits- und Wohlfahrtspflege in Verbindung mit der Deutschen Angestellten Krankenkasse

[60] vgl.: Stress bei Erzieher/innen. Ergebnisse einer BGW-DAK-Studie über den Zusammenhang von Arbeitsbedingungen und Stressbelastung in ausgewählten Berufen. Hamburg: GBW Berufsgenossenschaft für Gesundheitsdienst und Wohlfahrtspflege, 2000, http://bgw-online.de/internet/generator/INhalt/OnlineInhalt/Bilder_20und_20Downloads/downloads/2

[61] vgl.: Stress bei Erzieher/innen. Ergebnisse einer BGW-DAK-Studie über den Zusammenhang von Arbeitsbedingungen und Stressbelastung in ausgewählten Berufen. Hamburg: GBW Berufsgenossenschaft für Gesundheitsdienst und Wohlfahrtspflege, 2000, S.40, 41

4.4.1 Arbeitsbelastungen und mögliche Ressourcen der Erzieherin

Welche Ressourcen hat die Erzieherin? Wie wird die Arbeitsbelastung von der Erzieherin in den verschiedenen Bereichen beurteilt?

Entscheidend bei der Bewältigung der Arbeitsbelastung ist die persönliche Einstellung, diese Belastungen als negativ zu bewerten oder sie bearbeiten bzw. zufrieden stellend bearbeiten zu können. (vgl. Studie der Universität Potsdam, 2000 – 2006 „Die Bewältigung psychischer Anforderungen durch Lehrkräfte", Prof. Dr. Schaarschmidt)[62] Dabei ist es nach Meinung der Autoren unerheblich, ob die Ressourcen im privaten oder im beruflichen Umfeld gefunden werden.

In der Befragung nach Ressourcen, die im beruflichen Umfeld dazu beitragen, die Arbeitsbelastung zu verringern, werden genannt:

- Vielfältigkeit der Arbeit, die eng verknüpft ist mit der Möglichkeit, Neues dazulernen zu können sowie Wissen und Können voll einsetzen zu können.

- die eigenen Handlungsspielräume zu gestalten. Dazu gehören: Arbeit selbstständig organisieren zu können, frei planen zu können, ein eigenes Zeitmanagement zu wählen und Einfluss auf die Zuteilung von Arbeit zu haben.

- Soziale Unterstützung; sie beruht auf Verlässlichkeit von Kollegen und Leitung sowie dem Zusammenhalt in der Einrichtung.

- Die Information und Mitsprache, die sich ausdrückt in sowohl Berücksichtigung von Ideen und Vorschlägen als auch ausreichende Information der Mitarbeiter über konkrete und zukünftige Projekte.

Bei allen Merkmalen benennen die befragten Erzieherinnen hohe bis sehr hohe Zufriedenheit. Sie schätzen ihre Arbeit als vielseitig und sind mit den ihnen zur Verfügung stehenden Handlungsspielräumen zufrieden. Das Arbeitsklima in Ein-

---

[62] vgl.: Schaarschmidt, U.; Arold, H. ; Kieschke, U., Die Bewältigung psychischer Anforderungen durch Lehrkräfte, Studie der Universität Potsdam, 2007

richtungen wird als überwiegend unterstützend und verbindlich angegeben. Die Erzieherinnen sind mit dem Informationsfluss und ihren Partizipationsmöglichkeiten zufrieden.[63]

Die Befragten berichten, dass in ihren Kindertagesstätten Arbeitsbesprechungen regelmäßig stattfinden (99,5 %), an denen fast ebenso viele teilnehmen (98,8 %).

Besprechungsthemen:

- allgemeine Verwaltungs- und Organisationsfragen
- Umgang mit Problemkindern/schwierigen Kindern
- Zusammenarbeit mit Eltern, Kooperation mit Eltern
- Planung- und Durchführung von Spiel- und Lernangeboten
- Kooperation mit anderen Einrichtungen
- Methodisch-didaktische Fragen
- Konzeptionelle Weiterentwicklung
- Berichte über besuchte Weiterbildungen
- Veranstaltungen der Einrichtung
- Umsetzung des Bildungs- Erziehungs- und Orientierungsplans
- Bildungsdokumentationen
- Konflikte im Team

Hauptthemenschwerpunkte in Arbeitbesprechungen sind Verwaltungs- und Organisationsaufgaben. Auf den hohen Stellenwert organisatorischer Fragen in Besprechungen deutet das Thema „Veranstaltungen in Einrichtungen" hin. An zweiter Stelle mit leicht überdurchschnittlichem wird das Thema „Umsetzung des Bildungs- Erziehungs- und Orientierungsplans" genannt. Bei der Häufigkeit, mit der dieser Bereich thematisiert wird, fällt die breite Streuung auf. Bei den meisten Einrichtungen erhält dieses Thema einen überdurchschnittlichen Stellenwert, gleichzeitig ist festzuhalten, dass es bei einem Viertel der Einrichtungen nie bzw. nur selten genannt wird. An dritter Stelle stehen Themen mit direktem Be-

---

[63] vgl.: Wie geht's im Job, Kita. Studie der GEW, (Gewerkschaft Erziehung und Wissenschaft), Oktober 2007, S. 43

zug zu Kindern und Eltern. Hier ist der Themenschwerpunkt „Umgang mit schwierigen Kindern, bzw. mit schwierigen Situationen". Darüber hinaus wird im Themenpool die Erarbeitung der „Planung und Durchführung von Spiel- und Lernangeboten" mit 34 % häufig genannt. Die Zusammenarbeit mit Eltern wird von einem Drittel der Befragten genannt. Die Bildungsdokumentation, also die Reflexion über die Kinder nimmt einen knapp durchschnittlichen Stellenwert ein. [64]

Eher selten wird in Kindertageseinrichtungen über Weiterbildungen und Kooperation mit anderen Einrichtungen berichtet. Das lässt darauf schließen, dass eine Zusammenarbeit mit anderen Einrichtungen eher selten geschieht. Nur 7 % bzw. 14 % der Befragten gaben an, dass dieses Thema häufig Bestandteil von Besprechungen gewesen sei.

Differenziert man die zur Verfügung stehende Untersuchung in Hinblick auf Ressourcen nach Alter der Erzieherinnen, so werden alle in ihren erwarteten Befunden bestätigt. Insbesondere die Befunde, die mit der Berufsdauer, der Berufserfahrung sowie der Veränderung in der beruflichen Platzierung zusammen hängen. Jüngere Erzieherinnen ziehen Kraft aus der Chance, Neues hinzu zu lernen, ältere Erzieherinnen sind zufriedener mit der Möglichkeit, ihr Wissen und Können voll einsetzen und in größeren Handlungsspielräumen agieren zu können. [65]

Signifikante Unterschiede ergab die Untersuchung im Ost - West - Vergleich. Erzieherinnen in östlichen Bundesländern schätzen ihre „Handlungsmöglichkeiten" noch etwas positiver ein als ihre Kolleginnen in den westlichen Bundesländern. Ebenso werden von ostdeutschen Erzieherinnen die „Aufgabenvielfalt" und die „Einsetzbarkeit beruflicher Kenntnisse und Fertigkeiten" etwas zufriedener dargestellt.

---

[64] vgl.: Wie geht's im Job, Kita. Studie der GEW, (Gewerkschaft Erziehung und Wissenschaft), Oktober 2007., S. 43
[65] vgl.: Wie geht's im Job, Kita. Studie der GEW, (Gewerkschaft Erziehung und Wissenschaft), Oktober 2007., S. 44

Befragt man Erzieherinnen nach Maßnahmen zur Verbesserung ihrer Arbeitssituation so werden folgende Punkte absteigend von häufig bis wenig genannt:

- Mehr Vorbereitungszeit

- Mehr Personal

- Regelmäßige Supervision

- Ruhezonen für Kinder

- Mehr Fortbildungen

- Erwachsengerechtes Mobiliar

- Bessere materielle Ausstattung

- Pausenraum für Mitarbeiter

- Längerfristige Planung des Arbeitseinsatzes

- Flexiblere Arbeitszeiten

- Sonstiges

Die beiden ersten Punkte werden mit Abstand am häufigsten genannt. Mit Abstand zu Punkt eins und zwei wird von ungefähr einem Viertel der Befragten die regelmäßige Teilnahme an Supervision als erforderliche Verbesserung genannt. In längerfristigen Planungen sowie flexibleren Arbeitszeiten sehen nur ungefähr 10 % der Erzieherinnen Verbesserungsbedarf.[66]

4.4.2 Arbeitsbelastungen und gesundheitliche Auswirkungen

In einer Studie der Unfallkasse Hessen ist die psychische Belastung am Arbeits- und Ausbildungsplatz untersucht worden. In diesem Zusammenhang schreibt Thorsten Kunz im „Online Handbuch Kindergartenpädagogik" zur Gesundheit in Kindertagesstätten, dass die Beschäftigten in Kindertageseinrichtungen nicht unerheblichen gesundheitlichen Belastungen ausgesetzt sind. Erzieherinnen weisen „im Vergleich zu allen Beschäftigten im öffentlichen Dienst eine überdurch-

---

[66] vgl: Wie geht's im Job, Kita. Studie der GEW, (Gewerkschaft Erziehung und Wissenschaft), Oktober 2007., S. 45

schnittliche hohe Ausfallzeit auf."[67] Hauptursachen von Fehlzeiten sind Erkrankungen des Bewegungsapparates und Atemwegserkrankungen. Psychische Erkrankungen sind nicht erfasst worden. So werden aber in den verschiedensten Studien Lärm, ungünstige Körperhaltung, Zeitdruck und Stress sowie schwieriges Klientel als Belastungsfaktoren angegeben und im Sinne der Gesundheit als besonders belastend eingestuft.

Als Belastung wird im Beruf von Erzieherinnen der permanente Kontakt zu Kinder und Eltern angegeben. Dazu zählen z.B. in seltenen Fällen, wenn ein Kind nicht auffindbar oder weggelaufen ist, sowie mittelstark die Streitereien in der Gruppe als auch der notwendige Körperkontakt, auch gegen den eigenen Willen.

Die häufigeren Konflikte ergeben sich jedoch aus dem notwendigen Kontakt mit den Eltern. Als stärker belastend werden vom pädagogischen Fachpersonal ungünstig verlaufene Kommunikationen angesehen, die zu Beschwerden bei der Einrichtungsleitung führen. Darüber hinaus wird als belastender Aspekt die im Dienstleistungsbereich geforderte Freundlichkeit genannt. Eigene Gefühle wie Wut können können/dürfen kaum gezeigt werden. Die geringe Anerkennung der Arbeit, die Einmischung der Eltern und deren geringe Mitarbeit werden als Belastung wahrgenommen.

Als Belastungsfaktoren aus dem Team kommend wird Mobbing als häufigste Ursache genannt. Da Kindertageseinrichtungen oft kleine Teams haben, ist ein Ausweichen bei Angriffen kaum möglich, oft bleibt nur der Wechsel in eine andere Einrichtung. Die üblichen Konflikte mit Arbeitskollegen und Vorgesetzten werden ergänzt durch organisatorische Pannen wie Unklarheit über den Personaleinsatz und zu wenig Zeit für innerbetriebliche Kommunikation. Der Personalmangel wird in vielen Einrichtungen als organisatorischer Belastungsfaktor gesehen.

---

[67] vgl. Kunz, T.: in Kindergartenpädagogik online, Handbuch, Textor, M. (Hrsg.): Gesundheit in Kindertageseinrichtungen,
http://www.kindergartenpaedagogik.de/1556.html, letzter Zugriff 30.10.2007

Weiter wird in der Studie der Unfallkasse Hessen[68] darauf hingewiesen, dass das Thema Burn-Out als Krankheitsbild insbesondere bei Menschen, die im Arbeitsfeld hohen emotionalen Belastungen ausgesetzt sind vor kommt. Da auch Erzieherinnen zu dieser Berufsgruppe zählen, ist davon auszugehen, dass es auch Burn-Out Erkrankte unter den Erzieherinnen gibt. Konkrete Zahlen liegen nicht vor.[69]

---

[68] vgl. Kunz, T.: Gesundheit in Kindertageseinrichtungen, in Textor, M. R.: Kindergartenpädagogik Online-Handbuch, www.kindergartenpaedagogik.de/1556.html, letzter Zugriff 30.10.2007

[69] vgl.: Kunz, T.: Arbeitsplatz Kita, http://www.kiki-online.de/kk_01_06/kk_01_06kita.html, letzter Zugriff 1.11.2007

5. Forschungsdesign

Unter Forschungsdesign versteht Ragin (1994, S191)[70] die folgende Definition:

„Ein Forschungsdesign ist ein Plan für die Sammlung und Analyse von Anhaltspunkten, die es dem Forscher erlauben, eine Antwort zu geben – welche Frage er auch immer gestellt haben mag. Das Design einer Untersuchung berührt fast alle Aspekte der Forschung von winzigen Details der Datenerhebung bis zur Auswahl der Techniken von Datenanalysen."[71]

Ein Forschungsdesign zu entwickeln heißt zunächst, Komponenten, die bei der Konstruktion des Forschungsdesigns eine Rolle spielen und berücksichtigt werden sollen, zu erfassen und zu prüfen. Im Forschungsdesign ist festzuhalten:

- die Zielsetzung der Untersuchung

- der theoretische Rahmen der Untersuchung

- die konkrete Fragestellung

- das Sampling der Interviewpartner

- die mediale Erfassung

- die Auswahl des empirischen Materials [72]

Eine wichtige Zielsetzung der vorliegenden Arbeit ist es, den Beratungsbedarf in Form von Supervision bei Erzieherinnen zu erfassen. Dabei sollten die verschiedenen Karrierestufen, also die Rolle der Erzieherin im Anerkennungsjahr, der Erzieherin als Zeitkraft, der Erzieherin als Gruppenleiterin, der Erzieherin in Anleitung einer Praktikantin und der Erzieherin als Leiterin einer Einrichtung, Beachtung finden.

Zur Umsetzung dieses Vorhabens stützt sich diese Arbeit auf eine empirische Untersuchung.

Die Autorin ist zunächst der Frage nachgegangen, durch welche Form der Sozialforschung sich die höchst möglichen differenzierten Informationen herausarbeiten lassen. Vor diesem Hintergrund ist deshalb die qualitative Sozialforschung in

---

[70] vgl.: Flick, U. in: Flick, U., Kardorff von, E. Steinke, I. (Hrg.): Qualitative Forschung, 2007, S.252

[71] ebs.

[72] vgl.: Flick, U., Kardorff von, E., Steinke, I. (Hrg.): Qualitative Forschung, 2007, S.253

47

Abgrenzung zur quantitativen Sozialforschung gewählt worden, weil sie auf der Basis des kleinsten gemeinsamen Nenners ihren Ausgangspunkt hat.

Die qualitative Forschung hat sich in den letzten Jahren weit verbreitet. „Neben den klassischen Grundlagenfächern findet sie immer mehr Aufmerksamkeit in den angewandten Fächern wie u. a. auch Sozialarbeit, Pflegewissenschaften und Public Health." [73] Die qualitative Forschung ist in ihrer Fragestellung geprägt von starker Anwendungsorientierung und Vorgehensweise und nimmt inzwischen einen bedeutenden Platz ein. Die qualitative Forschung hat den Anspruch aus der Lebenswelt des handelnden Menschen ‚von innen heraus' Sichtweisen zu beschreiben. Ziel dieser Vorgehensweise ist es, zu einem besseren Verständnis sozialer Wirklichkeiten zu gelangen. Die qualitative Forschung nutzt das Unbekannte und Unerwartete, das durch die methodische Herangehensweise z.B. das leitfadengestützte Interview, als besondere Erkenntnisquelle, genutzt werden kann. [74]

Vorteil dieser Form ist weiter, dass sie in ihrer Zugangsweise ein eher offenes Herangehen mit sich bringt und dadurch „näher dran" ist als andere Forschungsstrategien. In der Beantwortung eines Leitfadengestützten Interviews entsteht häufig ein wesentlich konkreteres und plastischeres Bild aus der Perspektive des Befragten als in einer standardisierten Befragung. Gerade in Zeiten, in denen sich fest gefügte soziale Lebenswelten auflösen, sind Forschungsstrategien gefragt, die dichte und präzise Sichtweisen liefern. Die sich häufig entwickelnde Offenheit dient in der qualitativen Forschung nicht dem Selbstzweck für ein Panorama von subjektiven Wirklichkeiten, sondern fördert in besonderer Weise den zentralen Ausgangspunkt für gegenstandsbegründete Theorie. [75]

In der qualitativen Forschung wird vorrangig der „deutende und sinnverstehende" Zugang interaktiv hergestellt. Die sozialen Wirklichkeiten werden durch sprachliche wie nicht sprachliche Symbole repräsentiert. Der Interaktionspartner hat das Ziel, „ein möglichst detailliertes und vollständiges

---

[73] Flick, U., Kardorff von, E., Steinke, I. (Hrg.): Qualitative Forschung, 2007, S.13
[74] vgl.: ebs., S.14
[75] vgl:. ebs., S. 17

Bild der zu erschließenden Wirklichkeitsausschnitte zu liefern".[76] Die Vorgehensweise sollte so gewählt sein, dass möglichst keinerlei Einschränkungen methodischer Art vorgenommen werden. Dem Forscher als Interviewer kommt eine weitere Bedeutung zu, da er durch seine bewusste Wahrnehmung einen zusätzlichen qualitativen Ansatz in seiner Kommunikation mit dem „Beforschten" wahrnimmt. Dies ist ein weiteres konstitutives Element des Erkenntnisprozesses.[77]

Qualitative Forschung basiert auf erkenntnistheoretischen Grundlagen. Sie setzen sich zusammen aus

- Ethnomethodologie

- Symbolischem Interaktionismus

- Sozialkonstruktivismus

Die Ethnomethodologie geht davon aus, dass Menschen, gleich aus welchen Kulturen sie stammen, ihre alltagsweltlichen Wirklichkeiten nach bestimmten Methoden gestalten und bewältigen. Die Ethnomethodologie widmet sich deshalb der Erforschung jener alltagspraktischen Methoden. Sie geht davon aus, dass jene Methoden ihren Sinn in sich tragen, auch wenn den Forschern ihre Handlungs- und Herangehensweise fremd ist.[78]

Der symbolische Interaktionismus arbeitet mit einem ähnlichen Wirklichkeitsverständnis. Er geht davon aus, „dass die Menschen ihre soziale Wirklichkeit erst im Zuge ihrer Interaktion miteinander sinnvoll konstruieren."[79]

Der Sozialkonstruktivismus fasst beide vorausgegangenen erkenntnistheoretischen Ansätze theoretisch zusammen. D.h. „Die den Menschen umgebende soziale Wirklichkeit ist keine objektiv gegebene, sondern eine sozial konstruierte Wirklichkeit. Die Menschen treten dabei stets einer bereits sinnhaft konstruierten Wirklichkeit entgegen und reproduzieren oder modifizieren diese durch ihre weiteren Interaktionen."[80]

---

[76] Kruse, J.: Seminar Reader, „Einführung in die Qualitative Interviewforschung",
    2007, S. 9
[77] vgl.: Kruse, J. Seminar Reader, „Einführung in die Qualitative Interviewforschung",
    2007, S. 9
[78] ebs.: S.9
[79] ebs.: S. 9
[80] ebs.: S.10

Die qualitative Sozialforschung lässt sich durch folgende Merkmale kennzeichnen:

- sie will komplexe Sachverhalte verstehen
- rekonstruiert subjektive Deutungsmuster
- hält das eigene Vorverständnis möglichst lange zurück
- versteht Deutungen und subjektive Sichtweisen
- gestaltet sich nach dem Prinzip der Offenheit
- stellt offene Fragen, die Antworten sind Texte
- kleine Stichproben werden vorgenommen

In der qualitativen Sozialforschung wird nach folgenden methodischen Verfahrensprinzipien gearbeitet:

- Prinzip der Offenheit
- Prinzip der Kommunikation
- Prinzip der Selbstüberraschung – (dieses Prinzip korespondiert mit dem Prinzip der Fremdheitsannahmen)
- Prinzip der Prozessualität
- Prinzip der (Selbst) Reflexion
- Prinzip der Transparenz und Dokumentation[81]

Um dieser methodischen Herangehensweise gerecht zu werden, ist das Problem des Fremdverstehens zu beachten. Das Erkenntnisprinzip aller rekonstruktiver Sozialforschung ist die Hermeneutik. Ihr Erkenntnisprinzip ist das Verstehen. „Die Hermeneutik wird als eine metatheoretische Position innerhalb der rekonstruktiven Sozialforschung begriffen. Ursprünglich ist die Hermeneutik als Lehre von Auslegung vorbildlicher und verbindlicher Texte, insbesondere religiöser oder Rechtsschriften, entstanden, bei der es darum ging, die Autorität des Textes auf eine konkrete Situation hin zu befragen. Die Hermeneutik entwickelte sich dann, im Fortschreiten der Entwicklung der Geisteswissenschaften, von der Technik, nämlich der Kunstlehre des Verstehens, zu „einer

---

[81] vgl.: Kruse, J. Seminar-Reader, „Einführung in die Qualitative Interviewforschung", 2007, S.10

universalen Theorie des Umgangs mit historisch- gesellschaftlichen Gegenständen (...)"[82]Hermeneutik wurde demnach zu einer Theorie des Verstehens, welches sich auf das
Erfassen jeglicher menschlicher Verhaltensäußerungen und
Produkte bezieht."[83]

Hitzler definiert Verstehen als „jenen Vorgang (...), der einer
Erfahrung Sinn verleiht."[84] Verstehen ist demnach sowohl ein
kognitiver als auch ein emotionaler Vorgang im Menschen,
der Sinnkonstruktionen erwachsen lässt.

Es wird unterteilt in Verstehen 1. Ordnung und Verstehen 2.
Ordnung.

Im Verstehen 1.Ordnung wird dem Verstehen eine subjektive
Sinnzuschreibung zugewiesen. Im Verstehen 2. Ordnung bezieht sich die Zuschreibung „von Sinn auf eine soziale Wirklichkeit, also auf eine bereits durch andere mit Sinn zuge-
schriebene Wirklichkeit."[85]

Verstehen und Fremdverstehen ist im Quadrat des Kommu-
nikationsmodells von Schulz von Thun anschaulich dargestellt.

Schulz von Thun setzt die kommunikative Botschaft in die
Mitte, die ihrerseits auf vier Ebenen vom kommunikativen
Empfänger aufgenommen werden kann. Es gibt die Inhalts-
ebene, die Selbstdarstellungsebene, die Appellfunktionsebene
und die Beziehungsebene. Auf welchem „Ohr" der Empfänger
die Botschaft hört, bleibt in der jeweiligen Kommunikation in
der Regel offen.

Unter Berücksichtigung aller Komponenten, die das Verstehen beeinflussen, ist festzustellen, dass jeder Kommunikant
das ihm Mitgeteilte nur vor seinem eigenen Wissenshinter-
grund, seinem eigenen Relevanzsystem, deuten kann.

Neben dem Verstehen 1. Ordnung und Verstehen 2. Ordnung, beinhaltet das Verstehen auch die Ebenen 3. Ordnung
und 4. Ordnung.

---

[82] Hechler, O. Psychoanalytische Supervision sozialpädagogischer Praxis, 2005, S. 88
[83] Hechler, O. Psychoanalytische Supervision sozialpädagogischer Praxis, 2005. S. 88
[84] Hitzler, 1993, S.223 f. in Kruse, Dr. J. Seminar-Reader, „Einführung in die Qualitative Interviewforschung", 2007, S. 12
[85] Kruse, J. Seminar-Reader, „Einführung in die Qualitative Interviewforschung",
2007,
S. 13 ff.

Das Verstehen 3. Ordnung ist der rekonstruktive Verstehungsprozess. Er wird in der rekonstruktiven Sozialforschung in Anlehnung an Hitzler so verstanden, dass sich dieser Sinn auf einen vorangegangenen Verstehungsprozess bezieht, der sich dann in der Forschungssituation sprachlich darstellen lässt. Im Verstehungsprozess 4. Ordnung wird dem Prozess der rekonstruktiven Sinnzuschreibung noch das Prinzip der Selbstreflexivität des rekonstruktiven Sozialforschers hinzugefügt. Der Sozialforscher ist daran gehalten, sich bei seinem Verstehensprozess selbst verstehen und somit den Verstehungsprozess 3. Ordnung selbstreflexiv zu kontrollieren.[86]

Der Unterschied zwischen dem alltäglichen und hermeneutisch-wissenschaftlichen Verstehen liegt im Verstehensprozess 3. und 4. Ordnung. Verstehen unter wissenschaftlichen Gesichtspunkten heißt:

- die Verstehensprozesse müssen methodisch kontrolliert sein

- sie müssen subjektiv nachvollziehbar sein

- es müssen methodische Verfahrensregeln formuliert und eingehalten werden

5.1 Entwicklung der Forschungsfrage

Vor dem Hintergrund der theoretischen Auseinandersetzung und der Erkenntnis des ermittelten Forschungstandes kann festgestellt werden, dass im Erzieherberuf eine Vielzahl von Erwartungen, Ängsten, Belastungen, Unsicherheiten und Problemen vorliegen. Gleichzeitig ist festgestellt worden, dass es keine expliziten Untersuchungen zum Supervisionsbedarf von Erzieherinnen gibt. In Anlehnung an ähnliche Berufe, wie z. B. den der Lehrerin im Primarbereich, ist festzustellen, dass gesundheitliche Beeinträchtigungen physischer und psychischer Art nicht selten vorkommen. Damit ist ein spezifischer Hintergrund dargestellt, mit dem sich diese Arbeit beschäftigt.

---

[86] vgl.: Kruse, J. Seminar-Reader, „Einführung in die Qualitative Interviewforschung", 2007, S. 13 ff.

Die vorzunehmende Untersuchung hat das Ziel, sich empirisch der Frage zu nähern: Was beschäftigt Erzieherinnen in ihrem Arbeitsfeld in den verschiedenen Karrierestufen? Mit welchen Themen sind Berufsanfängerinnen konfrontiert? Welchen Beratungsbedarf haben Erzieherinnen, die als Gruppenleiterin, als Gruppenleiterin in Anleitung von Praktikanten oder als Leiterin arbeiten. Welche Themen beschäftigen diese Erzieherinnen? Wie klären sie diese?

Um diesen Fragen nachzugehen, soll eine Erhebung durch Befragung bei Einrichtungsleitungen vorgenommen werden, die in der Regel bereits alle Karrierestufen durchlaufen haben.

Daher lautet die konkrete Forschungsfrage:

„Welchen Supervisionsbedarf hat die Erzieherin in den verschiedenen Karrierestufen?"

Die methodisch gewählte Form ist eine qualitative Erhebung in Form des problemzentrierten Interviews, das leitfadengestützt durchgeführt werden soll.

Der Begriff Leitfadeninterview wird in der qualitativen Forschung als Oberbegriff verwendet. Leitfadeninterviews sind Interviews, die durch einen Leitfaden den Gesprächsverlauf strukturieren. Diese Form der Steuerung kann einerseits den Gesprächsfluss eng strukturieren oder andererseits dazu benutzt werden, dass im Gespräch lediglich bestimmte Themen behandelt werden. Grundsätzlich ist darauf zu achten, dass die vorformulierten Fragen den offenen Erzählcharakter behalten und hörorientiert ausgerichtet sind. Der Aufbau der Leitfadenerstellung erfolgt nach der SPSS – Methode, die hier kurz vorgestellt werden soll.

Die Buchstaben S _ P _ S _ S _stehen für:

- S – sammeln

  Leitfragen werden für den Leitfaden in offenem Brainstorming generiert

- P – prüfen

  Die vorliegenden Fragen sind zu prüfen, ob sie geeignet sind.

- S – sortieren

  Die ausgewählten Fragen werden inhaltlich sortiert und auf offene Erzählaufforderung hin geprüft

- S – subsumieren

  In einem Leitfaden werden abschließend die geprüften und sortierten Fragen subsumiert.[87]

5.2 Das Problemzentrierte Interview

In der qualitativen Interviewforschung gibt es unterschiedliche Interviewformen, die in verschiedenen Varianten methodisch durch die gewählte Offenheit in der Kommunikation variabel gehandhabt werden können.

Das hier vorgestellte problemzentrierte Interview nach Andreas Witzel zielt mit seinem Forschungsinteresse auf unterschiedliche soziale Problemstellungen. Diese kann die Interviewpartnerin aus ihrer Sicht darstellen und erörtern. „Zwar zielen die Konstruktionsprinzipien des problemzentrierten Interviews auf eine möglichst unvoreingenommene Erfassung individueller Handlungen sowie subjektiver Wahrnehmungen und Vorbereitungsweisen gesellschaftlicher Realität (Witzel, 2000, 1), jedoch nutzt der Interviewer die vorgängige Kenntnisnahme von objektiven Rahmenbedingungen der untersuchten Orientierungen und Handhabungen.“[88] Das problemzentrierte Interview basiert auf dem problemzentrierten Sinnverstehen. Diese Interviewform ist leitfadengestützt und enthält Fragen, die auf jenes problemorientierte ‚objektive‘ Vorwissen rekrutieren. Gegenstand des Interviews ist oft die durchgängige dialogische Form.

In der vorliegenden Untersuchung wird das problemzentrierte Interview gewählt. Die Entscheidung für diese Form der qualitativen Forschung ist darin begründet, dass die Interviewende ihrerseits über theoretisches und praktisches Vorwis-

---

[87] vgl.: Kruse, J. Seminar-Reader, „Einführung in die Qualitative Interviewforschung“, 2007, S. 37

[88] vgl.: Kruse, J. Seminar-Reader, „Einführung in die Qualitative Interviewforschung“, 2007, S. 21, 22

sen verfügt, was im problemzentrierten Interview nach Witzel in deduktiver Weise genutzt werden kann.[89]

Das problemzentrierte Interview wird leitfadengestützt durchgeführt. Der Begriff Leitfaden ist als Oberbegriff benutzt und dient als Gesprächsleitfaden, der den Interviewverlauf strukturiert. Somit ist gewährleistet, dass der Verlauf des Interviews einen vorgegebenen Themenweg verfolgt. Einerseits können Leitfäden das Gespräch eher wenig strukturieren, so dass die Befragten den Gesprächsverlauf selbst steuern können. In diesem Falle ist darauf zu achten, dass bestimmte Themen im Gesprächsverlauf behandelt werden. Andererseits gibt es den differenzierteren Gesprächsleitfaden. Er umfasst eine Vielzahl an unterschiedlich differenzierten Fragen, wobei diese offen zur Beantwortung anstehen.[90]

Weitere Interviewformen, die in der qualitativen Forschung Anwendung finden, sollen an dieser Stelle nicht unerwähnt bleiben. Es sind:

- das narrative Interview: Es weist sich durch den höchsten Grad an Hörorientierung und den niedrigsten Grad an Fremdstrukturierung aus. Im Rahmen biographischer Fragestellungen wird es häufig verwendet. Im klassisch geführten narrativen Interview besteht der Hauptteil aus einer Stegreif- bzw. Spontanerzählung der Befragten, die durch den Interviewer aufgrund der offenen Erzählaufforderung oder Einstiegsfrage herbeigeführt wird.

  Eine Mischform des narrativen Interviews ist das teilnarrative Interview, das leitfadengestützt ist, weitere verschiedene andere Varianten sind möglich.[91]

- Das fokussierte Interview, das in den 1940er Jahren von Merton und Kendall im Rahmen der Kommunikations- und Medienforschung entwickelt wurde, basiert auf besonderen Gesprächsführungsregeln und ist leitfadengestützt. Der Begriff ‚fokussiert' wird gebraucht, da das Forschungsinteresse insbesondere auf mediale Kommunikationsprozesse und Mediendokumentationen abzielt.[92]

---

[89] ebs.: S. 22
[90] vgl. Kruse, J. Seminar-Reader, „Einführung in die Qualitative Interviewforschung", 2007, S. 24
[91] ebs, S. 21
[92] ebs., S. 22

- Das ethnografische Interview wird in der Regel bei Feldstudien vorgenommen, die der Forscher in ‚Alltags‘ – Kommunikation einbettet. Kernziel ist das sinnverstehende Nachvollziehen fremder Kulturen und Subkulturen. Basis dieser Forschungsmethode ist, dass der Forscher „seine eigenen kulturellen Bezugssysteme und Relevanzsysteme für sich verfremdet, von ihnen Abstand zu gewinnen versucht. Das Prinzip der Fremdheitsannahme ist ein grundlegendes Merkmal der rekonstruktiven Sozialforschung."[93]

- Das Experteninterview ist eine angewandte variierte Form des Leitfadeninterviews. Die Besonderheit liegt weniger in der Methode als vielmehr in der Auswahl der Interviewpartner. Diese sind in ihrem Gebiet Experten, sie repräsentieren ihre jeweilige Expertengruppe.

5.3 Wahl der Interviewform

Bei der Wahl der Interviewform ist das problemzentrierte, leitfadengestützte Interview gewählt worden, weil untersucht werden soll, wie Bewältigungsmuster oder subjektive Problemsichten Übereinstimmungen bei den Interviewpartnerinnen zeigen bzw. wie ihre Unterschiedlichkeit sich darstellt.

Im Umgang mit ‚Wahrheit‘ und Explikativität werden den Befragten subjektive Theorien, Deutungsmuster, Sichtweisen und Einstellungen, stets verbunden mit Sinnhaftigkeit, unterstellt.

Der Grad der Interviewsteuerung sieht vor, dass der Interviewer zunächst eine offene, erzählgenerierende Gesprächsatmosphäre schafft, die dann im Laufe des Interviews durch die leitfadengestützte Frageform stärker strukturiert wird.

Die Interviewsteuerung hängt eng zusammen mit der Gesprächsrollensymmetrie bzw. -asymmetrie. Der Interviewer muss im Laufe des Gespräches angemessen erkennen, ob der Gesprächspartner an bestimmten Stellen eine eher symmetrische oder asymmetrische Gesprächsrollensituation verlangt.

---

[93] vgl.:Kruse, J. Seminar-Reader, „Einführung in die Qualitative Interviewforschung", 2007, S. 23

Im Umgang mit Selbstzurücknahme und Selbstreflexion obliegt es dem Interviewenden, sich bewusst zu sein, dass der Umgang mit eben diesen Aspekten einen entscheidenden Einfluss auf die Textproduktion hat. Ziel in der rekonstruktiven Sozialforschung ist es, den Sinn der Textdokumente zu rekonstruieren und dabei nichts hinein zu projizieren. Hierfür ist eine sich selbst zurücknehmende Haltung dem Befragten gegenüber notwendig. Nur so kann der Interviewte seinem subjektiven Relevanzsystem Raum geben.[94]

5.4 Fragen des Leitfadeninterviews

Mit Blick auf die theoretischen Rückschlüsse ist bei der Erarbeitung der konkreten Fragen darauf Wert gelegt worden, dass die Fragen einerseits Offenheit in der Beantwortung erlauben und andererseits der Themenfokus nicht verloren geht.

Vorstellung des entwickelten Leitfadens:

1. Heute sind Sie Leiterin einer Kindertagestätte, wie sah Ihr beruflicher Werdegang aus?

2. Gab es Themen, die Sie in allen beruflichen Phasen von der Berufspraktikantin bis zur Leiterin der Einrichtung immer wiederkehrend als von besonderer Bedeutung erlebt haben?

3. Welche Aufgabenfelder fielen Ihnen eher leicht?

4. Welche Aufgabenbereiche bereiteten Ihnen eher Mühe? Gab es Aufgaben, die in überwiegend allen Bereichen ähnliche Fragestellungen mit sich brachten?

5. Erzählen Sie bitte, wie haben Sie diese gelöst?

6. Hatten Sie Unterstützung? Wenn ja, – woher kam diese Unterstützung? Haben Sie sich selbst um Unterstützung bemüht? Welche Art von Unterstützung war das?

7. Haben Sie Erfahrung mit Supervision? (Wenn ja)

---

[94] vgl.: Kruse, J. Seminar-Reader, „Einführung in die Qualitative Interviewforschung", 2007, S. 25; 26

8. In welchem Setting haben Sie Supervision genutzt? Je nach Setting: Wie sind Ihre Erfahrungen mit Einzel - Gruppe – Team Supervision?

1. Was haben Sie in der Supervision als hilfreich empfunden? Erzählen Sie mir bitte davon.

2. Welche Themen haben Sie in der Supervision erarbeitet, bzw. bearbeitet?

3. Was darf für Sie keineswegs durch und in Supervision passieren?

4. Welcher zeitliche Rahmen war und ist für Sie angemessen? Sowohl in der einzelnen Sitzung als auch in der gesamten Prozessdauer?

5. Welchen Rhythmus im Supervisionsprozess haben Sie als brauchbar erlebt?

   a) Gab es zwischen den einzelnen Supervisionsprozessen Pausen?

   b) Wenn ja, in welchem Umfang und wozu dienten diese Pausen?

   c) Wenn nein, was war für die Fortsetzung einer Supervision hinderlich?

6. Haben Sie Grenzen in der Supervision erfahren? Erzählen Sie mir bitte davon.

7. Von meiner Seite habe ich nun alle Fragen an Sie richten dürfen. Gibt es noch etwas, was Sie erzählen möchten, was wichtig ist und bisher im Interview noch nicht zur Sprache gekommen ist?

Ich danke Ihnen für das Gespräch.

5.5 Sampling der Interviewpartnerinnen

Im Rahmen der Fallgruppenauswahl ist die Form der Einzelinterviews gewählt worden. Ziel dieser Entscheidung ist, jeder Interviewpartnerin die individuell benötigte Zeit einräumen zu können und die damit verbundene Dauer des Interviews flexibel gestalten zu können. Für die Interviewerin, als Forscherin, ist es wichtig, dass sie jeder einzelnen die volle Aufmerksamkeit schenken kann und somit die Möglichkeit des interaktiven Zugangs gewährleistet ist. Sie ermöglicht durch diese Interviewform den ihr höchstmöglichen „deutenden und sinnverstehenden"[95] Aspekt im Gespräch.

Für die Befragung sind insgesamt vier Leiterinnen von Kindertagesstätten in unterschiedlichen Regionen, Trägerschaften und Größen der Einrichtung ausgewählt worden. In dieser Fallauswahl ist die erreichte Karrierestufe jeweils die gleiche, jedoch können die Fragen und Themen, die die einzelnen Interviewpartnerinnen auf ihrem Weg zur Einrichtungsleitung zu lösen hatten, sehr unterschiedlich beantwortet werden.

5.5.1 Berufsbiographische Auswahl

Warum ausschließlich Leiterinnen?

Leiterinnen von Einrichtungen haben in der Regel zuvor alle beruflichen Ebenen durchlaufen. Sie können sich sowohl zu Fragen äußern, die sie in den Berufsanfängerjahren beschäftigt haben, als auch zu Fragen in der Rolle als Gruppenleiterin und in der jetzigen Position als Leiterin einer Einrichtung. Somit sind sie in der Lage, sich zu allen Themen, die sie in den verschiedenen Karrierestufen beschäftigt haben, Stellung zu beziehen.

Ferner ist bei der Auswahl der Interviewpartnerinnen auf die Altersmischung Wert gelegt worden; die zum Interview ausgewählte Leiterinnen sind zwischen 38 Jahre und 58 Jahre alt.

5.5.2 Gendersampling

Die prozentual deutliche Mehrheit der im Erzieherberuf tätigen Menschen Deutschlands ist weiblichen Geschlechts. Der Männeranteil im pädagogischen Bereich beträgt nur 2,67 %. [96] Um dieser statistischen Größe gerecht zu werden, ist im Gendersampling bewusst auf vier weibliche Personen in Leitungstätigkeit zurückgegriffen worden.

---

[95] Kruse, J. Seminar-Reader, „Einführung in die Qualitative Interviewforschung", 2007, S. 9

[96] Studie in Switchboard, Zeitschrift für Männer und Jungenarbeit, 2005, Heft 4-5 S. 20-21 (vgl. Ausführung im Kapitel 2.3.1 Berufsstand unter dem Genderaspekt)

5.5.3 Feldauswahl

Auswahl der Einrichtung: Alle Einrichtungen gehören unterschiedlichen Trägerschaften an. Die ausgewählten Kindertagesstätten sind Einrichtungen in Trägerschaft des Arbeiter Samariter Bundes (ASB), in Trägerschaft der Arbeiterwohlfahrt (AWO), in städtischer Trägerschaft und eine in kirchlicher Trägerschaft.

Geographischer Standort: Die Kindertagesstätten liegen alle in Nordrhein- Westfalen; es sind sowohl Stadt- als auch Kreisregionen ausgewählt worden.

Einrichtungsgröße: Die Einrichtungen verfügen über unterschiedliche Größen.

- Einrichtung mit fünf Gruppen, Stadtmitte, im sozialen Brennpunkt
- Einrichtung mit drei Gruppen, Stadtrand, gemischtes Einzugsgebiet
- Einrichtung mit vier Gruppen, Landkreis, gemischtes Einzugsgebiet
- Einrichtung, mit zwei Gruppen, ländliches Einzugsgebiet, überwiegend Akademikerfamilien

Alle Interviewpartnerinnen haben Zusatzqualifikationen in unterschiedlichen Bereichen erworben:

- Studium Bildungs- und Sozialmanagement Schwerpunkt: Frühe Kindheit
- Ausbildung zur integrativen Kindertherapeutin
- Systemische Beraterin und in Ausbildung zur Supervisorin
- Umfangreiche Zusatzqualifikationen im Bereich Sport- und Bewegungserziehung für Kinder

5.6 Mediale Erfassung

Die mediale Erfassung ist mittels Kassettenrecorder erfolgt. Im Anschluss daran wurde die Transkription der aufgenommenen Interviews durchgeführt.[97] Nach Herstellung des Erstkontaktes und der Zusage der Interviewpartnerin sind jeder Leiterin schriftliche Einverständniserklärungen vorgelegt worden, in denen sie ihre Bereitschaft zur anonymisierten Auswertung und partiellen Veröffentlichung bekundet haben.

Darüber hinaus sind sie in Kenntnis gesetzt worden, dass alle Aufnahmedokumente und anonymisierten Daten im März 2008 gelöscht bzw. vernichtet werden.

5.7 Methodische Erfassung

Die Analyse der Auswertung der qualitativen Interviews wird nach der aus den USA kommenden Methode, der Grounded Theory, vorgenommen.

Die Grounded Theory wird zunächst übersetzt nach Hopf und Weingarten mit ‚Gegenstandsbezogene Theorie‘, später übersetzt Flick(1995) diesen Begriff mit ‚Gegenstandbegründeter Theorie‘. Inzwischen jedoch ist Grounded Theory zu einem stehenden Begriff und Markenzeichen geworden; auf eine Eindeutschung kann daher verzichtet werden.

Diese in den 1960er Jahren entwickelte Methode ist untrennbar mit den Namen Anselm Strauss, Barney Glaser und Juliet Corbin verbunden. Sie gehört zum festen Bestandteil des Kanons der qualitativen Forschung, sie wird als das populärste Analyseverfahren betrachtet. [98]

Grounded Theory bedeutet, dass im qualitativen Forschungsprozess zunächst eine gegenstandsbegründete Theorie auf der Basis der qualitativen Daten entwickelt wird. Diese umfassend offene, prozessgesteuerte und theoretisch weitgehend voraussetzungslose Methode hat ein in drei Phasen eingeteiltes Rekonstruktionsparadigma, welches das Kodieren des Datenmaterials in drei Stufen vornimmt. Kodieren ist zu verste-

---

[97] Für ein vereinfachtes Leseverständnis werden die zuvor transkribierten Interviewausschnitte in der vorliegenden Veröffentlichung als syntaktisch unveränderter Fließtext präsentiert.
[98] vgl.: Flick, U., Kardorff von, E., Steinke, I. (Hrg.): Qualitative Forschung, 2007, S.41

hen als Zuordnung zentraler Textbausteine, die den Sinn des Textes offen legt. Kodieren ist somit ein ständiges Vergleichen zwischen Phänomenen des Textes und den daraus entwickelten Kodierbegriffen und Fragen an den Text.[99]

Schritt eins in der Phase des Kodierens ist das offene Kodieren. Darunter wird ein erster offener Analysedurchlauf verstanden, in dem der Text beim Durchlesen mit Begriffen (Kodes), die aus dem Text selbst kommen bzw. entwickelt werden, versehen wird. Diese Kodes werden zu Kategorien zusammengefasst, sie dienen somit als Oberbegriffe.

Schritt zwei in dieser Phase ist das axiale Kodieren. In dieser zweiten Phase werden im axialen Kodieren relevant betrachtete Kodes und Kategorien ausgewählt und beim zweiten Lesedurchgang mit möglichst vielen und verschiedenen Textstellen abgeglichen. Dieser Durchgang dient der Findung der Oberkategorien.

Schritt drei in der Grounded Theory ist das selektive Kodieren. Es ist eine weitere Fortführung des axialen Kodierens auf höherem Niveau. In dieser Stufe soll die zentrale Kernkategorie gefunden werden. Um sie herum gruppieren sich die bereits herausgearbeiteten Kategorien.

Im Verfahren von Glaser und Strauss stellt sich ein zunehmend abstrakteres Bild des Textes dar. Dieses sehr zeitaufwendige Verfahren ist nur bedingt rein forschungstechnisch anzuwenden, aber in der Grundlagenmethode qualitativer Sozialforschung die am häufigsten gewählte Form.

---

[99] vgl.: Kruse, J. Seminar-Reader, „Einführung in die Qualitative Interviewforschung", 2007, S. 87

6. Darstellung der Untersuchung

Bezogen auf die Fragestellung dieser Untersuchung, welche Bedürfnisse Erzieherinnen in den verschiedenen Karrierestufen haben, ist in der durchgeführten Erhebung ausgewähltes Kontextwissen vor Beginn der Interpretation hinzuzuziehen. In der vorliegenden Arbeit geht es um die spezifischen und allgemeinen Bedarfe zur Supervision in den Arbeitsfeldern der Erzieherin.

6.1 Diskussion der Untersuchungsergebnisse bei Erzieherinnen im Anerkennungsjahr

Die Diskussion der erhobenen Daten zeigen Kernproblematiken der Erzieherin im Anerkennungsjahr, im Folgenden Berufspraktikantin genannt, auf.

Aspekt: Pädagogische Arbeit ist eine Überforderung

Protokollausschnitt, Interviewpartnerin 1, S. 10, Zeile, 324 - 327:

„Ich war nicht die dritte Kraft, sondern die Zweitkraft und ich hatte oft das Gefühl der Überforderung, was ich aber nicht wirklich gesagt habe".

Protokollausschnitt Interviewpartnerin 4, S. 2, Zeile 62 – 68:

„Der Verbund zwischen den Eltern und mir und dem Kind - das war damals für mich so der erste große Punkt, wo ich dann gedacht habe, da habe ich ein bisschen Angst vor . Zum Beispiel in diese erste Situation zu geraten, wenn Eltern dir also signalisieren: ‚Nee, damit bin ich jetzt absolut nicht einverstanden'".

Insgesamt ist festzuhalten, dass sich in den vorgenommenen Interviews eine durchgängige Übereinstimmung bezüglich der hohen Belastungen in der pädagogischen Arbeit ergeben hat. Diese wurde von einigen Interviewpartnerinnen auch als Überforderung erlebt. Die durch Unsicherheit entstandene Angst im pädagogischen Alltag führte bisweilen dazu, dass Befürchtungen entstanden, Eltern könnten mit der pädagogischen Arbeit und den erarbeiteten pädagogischen Projektthemen nicht einverstanden sein. Wie in der vorliegenden Arbeit ausgeführt, ist die Komplexität der zu erfüllenden Aufgaben kontinuierlich angestiegen (vgl. in dieser Arbeit Seite 25 f.).

Für die Rolle der noch auszubildenden Berufsanfängerin kann die Hypothese aufgestellt werden, dass die noch ausstehende Leistungsbescheinigung der Gruppenleiterin, die eigenen Erwartungshaltungen und den damit verbundenen Leistungs- und Anpassungsdruck erhöhen.

Fehlende Berufserfahrung erzeugt Unsicherheit

Protokollausschnitt, Interviewpartnerin 1, S. 7, Zeile 231–236:

„(...),Warum handelt die Mutter vielleicht so?' Ich war auch persönlich betroffen und denke, das kann doch nicht wahr sein und darunter habe ich gelitten. Ich habe auch gedacht, dass es auch noch andere Wege geben muss(...)“.

S. 7, Zeile 243-247:

„(...)darüber möchte ich mehr erfahren: Wie kann man das anders sehen und welches Handwerkszeug kriege ich, um auch mit den Eltern (...)“

Im Rahmen der durchgeführten Interviews ist festzustellen, dass die Interviewten rückblickend als Berufspraktikantinnen häufig ihre noch fehlende Berufserfahrung benannten. Sie stellten fest, dass ihnen Handwerkszeug im Sinne der pädagogischen und methodischen Vielfalt fehlte, und die somit noch nicht erworbene Erfahrung große Unsicherheit auslöste. Eine aktive Suche nach Hilfen im täglichen Umgang mit Kindern, Eltern und Teamkolleginnen prägte das erste Berufsjahr. Im Weiteren wurde die Begegnung mit elterlichen Erziehungsmethoden, die Erstaunen bis hin zu Entsetzen ausgelöst haben, als belastend benannt. Die Interviewten erlebten es durchgängig als belastend, diese unverständlichen Erziehungsmethoden von Elternseite zu beobachten. Sie benannten teilweise ihre damalige Betroffenheit und erinnern sich, dass sie persönlich unter dieser Situation gelitten haben. Möller-Stürmer schreibt in der Fachzeitschrift ‚Kindergarten heute' in der Ausgabe 6/1993 bereits über Erzieherinnen, die Gefühle von Ohnmacht, Überforderung und Unsicherheit als große Belastung benennen.[100] Der Rückschluss sei erlaubt,

---

[100] vgl. in dieser Arbeit Seite 32

dass diese Belastungskomponenten sich weiter verstärkt und ausgeweitet haben.

Berufspraktikantin fühlt sich allein gelassen

Protokollausschnitt Interviewpartnerin 2, S. 2, Zeile 54-60:

„Als Praktikantin – das ist ja nun inzwischen eine lange lange Weile her – habe ich oft erlebt oder erfahren oder empfunden, dass ich sehr wenig Unterstützung von der Leitung bekommen habe. Wenn irgendwie alles lief, wurde man weder unterstützt, noch wurde Hilfe angeboten".

In allen geführten Interviews ist durchgängig deutlich geworden, dass sich die Berufspraktikantinnen allein gelassen gefühlt haben. Hilfen von Seiten der Leitung bzw. Praxisanleitung fehlten. Konkrete Anleitung zu pädagogisch sinnvollem Handeln fehlte ebenso wie Zeit des Austausches mit der Gruppen- oder Teamleiterin.

Die Befragten äußerten sich dahingehend, dass sie die alltägliche Arbeit eigenverantwortlich wie eine fertig ausgebildete Erzieherin zu verrichten hatten. Der Aspekt der noch Lernenden blieb weitestgehend unberücksichtigt. (Vgl. Prof. L. Fried In PIK, Profis in Kitas – Studie der Robert – Bosch – Stiftung 2005; in dieser Arbeit Seite 30/31)

Das schwächste Glied in der Mitarbeiterkette sein

Protokollausschnitt Interviewpartnerin 1, S. 10-11, Zeile 344–348:

„(...)die Praktikantin – und da musst du durch – und wenn sie dann da war, hat sie mich auch gut arbeiten lassen, z.B. reinigen. Wir machen alles zusammen, aber letztendlich hatte ich die Gruppe dann doch sauber gemacht".

In den durchgeführten Interviews wird die Position der Berufspraktikantin deutlich erinnert. Sie benannten, dass sie sich in ihrer subjektiven Wahrnehmung als das schwächste Glied in der Mitarbeiterkette gesehen haben. Das drückte sich u. a. darin aus, dass Aufgaben, die nicht zu ihrem pädagogischen Arbeitsbereich gehörten, trotzdem ohne Aufbegehren, von ihnen ausgeführt wurden.

Protokollausschnitt Interviewpartnerin 3, S. 2, Zeile 45–49:

„Dass die Gruppenleitungen untereinander verfeindet waren, das fand ich ganz schrecklich. Die Türen waren zu, jeder arbeitete so still und heimlich in seinem Kämmerchen. Das fand ich ganz furchtbar und das wollte ich auch nie".

Protokollausschnitt, Interviewpartnerin 3, S. 3, Zeile 75–83:

„(…) Leitung zeigen müssen und da hatte sie Probleme und hat das eigentlich – was mir Jahre später erst bewusst geworden ist – sogar über Jahrespraktikanten als auch über meine Person die Konflikte die da schwelten; dann so mehr oder weniger haben wir da, sind wir eingesprungen und haben die da schon mehr oder weniger mittragen müssen (…)".

In der Rolle als Berufspraktikantin sind den Interviewpartnerinnen Konflikte im Team als eine besonders schwierige Situation in Erinnerung geblieben. Sie fühlten sich in Themen hineingezogen, die abseits sowohl ihrer persönlichen als auch beruflichen Verantwortlichkeit lagen. Diese teaminternen Auseinandersetzungen wurden als große Beeinträchtigung ihrer Arbeit erinnert. Die durch Konflikte im Team entstandene Atmosphäre wurde übereinstimmend als belastend erlebt und als bedrückend benannt. Entgegen dieser Aussagen wird in der Studie der GEW „Wie geht's im Job? Kita Studie der GEW, Oktober 2007 festgestellt, dass die Erzieherinnen unter dem Aspekt „Belastungen" u. a. die ‚innere Kommunikation' mit „eher gering belastend" eingestuft haben. (vgl. in dieser Arbeit Seite 39.)

Konflikte mit Eltern

Protokollausschnitt, Interviewpartnerin 1, S. 7, Zeile 219–224:

„(…) aber was mir nicht leicht fiel, wenn es mal Gespräche und Konflikte gab mit Personen und ich dachte: ‚Das ist jetzt einfach ungerecht, ja?' Ich meine, nicht jeder Mensch ist gleich. Das waren die Eltern, die aufbrausend waren, wo ich mit meinem Latein (…)".

In der Befragung ist deutlich geworden, dass die Gesprächsführung, insbesondere Konfliktgespräche mit Eltern, von den Erzieherinnen im Anerkennungsjahr als sehr schwierig zu führen eingestuft wurde. Sie fühlten sich von Eltern ungerecht behandelt und der Gesprächssituation oftmals nicht gewachsen. In der BGW-DAK Studie über den Zusammenhang von Arbeitsbedingungen und Stressbelastungen in ausgewählten Berufen, Hamburg 2000, (vgl. in dieser Arbeit Seite 39) wird deutlich, dass die Kommunikation mit Eltern mit zunehmendem Alter der Erzieherinnen als weniger belastend empfunden werden.

Hilfen im Berufspraktikum

Protokollausschnitt, Interviewpartnerin 3, S. 2, Zeile 50-56:

„(...) sehr mitgenommen aus dieser Zeit, das war eigentlich auch diese Offenheit der Leitung. Das war eine sehr, ja sehr, energische, lebhafte Frau, von der ich sehr viel gelernt habe, auch im praktischen Bereich (...)".

S. 2/3, Zeile 69–72:

„In der Elternarbeit war sie mir bestimmt ein Vorbild, weil sie sehr offen zugegangen ist und sie hatte eigentlich auch einen sehr netten freundschaftlichen Umgang mit Eltern (...)".

Ergebnisse der Befragung zeigen ebenso auf, dass die interviewten Leiterinnen partiell in ihrem Berufspraktikum Offenheit der Leitung kennen gelernt haben. Diese wurde als besonders hilfreich und unterstützend wahrgenommen und erinnert. Vorbildfunktion im positiven Elternkontakt hat nachhaltige Wirkung erzeugt und ist als Muster für eigenes Verhalten aufgenommen worden. Wie in der Studie der GEW „Wie geht's im Job?", Oktober 2007 festgestellt wurde, werden als allgemein stabilisierend ein positives Arbeitsklima und die damit einhergehende Unterstützung verbindlich angegeben (vgl. in dieser Arbeit Seite 41).

Unterstützung durch Fortbildung

Protokollausschnitt, Interviewpartnerin 2 S.3, Zeile, 90–93:

„(...) ich mir fachliche Hilfe holen konnte, also ich habe das wirklich lange oder immer wieder versucht. Ich habe sehr viele Fortbildungen (...)".

Alle Interviewpartnerinnen nennen Fortbildung als unterstützendes Element. Auffallend ist, dass in durchgeführten Untersuchungen diese Form der Unterstützung noch nicht abgefragt wurde und somit keine Beachtung gefunden hat.

Es wird die Hypothese aufgestellt, dass Fortbildung als Ressourcen bildendes Element, eine vielfältige und individuelle Form der Unterstützung ist.

Unterstützung im privaten Umfeld

Protokollausschnitt Interviewpartnerin 4, S. 3, Zeile 102–105:

„(…) dass ich im Berufspraktikum mir auch Unterstützung bei meiner Sozialpädagogin geholt habe, wenn ich mit irgendetwas nicht klar kam; dass ich mit meinen Klassenkameraden auseinandergesetzt habe (…)".

Protokollausschnitt Interviewpartnerin 2, S. 3, Zeile 93–95:

„(…) viele Gespräche versucht mit damaligen Klassenkameraden. Wir haben uns ja außerhalb getroffen mit Lehrern (…)"

Im Rahmen des Berufspraktikums sind neben Fortbildungen, die Familie, Freunde, und ehemalige Lehrer als Unterstützung und Hilfe bei Unsicherheit, Ängsten und Konflikten, die sich rund um die neu begonnene Berufstätigkeit ergeben haben, erlebt worden. In der Untersuchung von Schaarschmidt & Kieschke[101] ist festgestellt worden, dass es einen Zusammenhang gibt zwischen sozialen Faktoren wie u. a. entlastende Gespräche im privaten Bereich und einer geringeren psychischen Belastung (vgl. in dieser Arbeit Seite 25ff.).

Auffallend in der Diskussion der Ergebnisse ist, dass im Rahmen der Befragung keine Aussagen zum Thema ‚Belastungen' vorgenommen worden sind.

Hier ist die Hypothese erlaubt, dass die Befragung der Interviewpartnerinnen in eine Zeit zurück geht, die weit in der Vergangenheit liegt und somit in deren erinnerten Besonderheiten keine nennenswerte Relevanz mehr einnimmt. Beeinträchtigungen wie Lärm oder andere körperliche Anstrengungen werden nicht genannt. Auch hier ist die Hypothese anzustellen, dass die Interviewpartnerinnen bedingt durch ihr damals in der Regel noch sehr junges Alter diesbezüglich

---

[101] Schaarschmidt, U.; Arold, A.; Kieschke, U:Die Bewältigung psychischer Anforderungen durch Lehrkräfte, Studie der Universität Potsdam, 2007

noch keine Belastungen langfristig als relevant eingestuft haben.

Aus dieser Diskussion der erhobenen Daten kann geschlussfolgert werden, dass Berufspraktikantinnen in hohem Maße Begleitung in unterschiedlicher Form bedürfen.

Supervision ist demnach als Beratungsform am Arbeitsplatz als geeignet und hilfreich anzusehen.

6.2 Diskussion der Untersuchungsergebnisse bei Zeitkräften

Im Rahmen der Untersuchung ist von den Interviewten die Erzieherin in der Rolle als Zweitkraft als ein weiterer Karriereabschnitt hervorgehoben worden. Im Gegensatz zur theoretischen Ausführung, wird in der Auswertung auf diese berufliche Position eingegangen.

Die Diskussion der erhobenen Daten zeigen Kernproblematiken bei Erzieherinnen auf, die in der Rolle als Zeitkraft arbeiten.

Eifersucht und Konkurrenz von Leitung bzw. Gruppenleitung auf die Zweitkraft in Bezug zu Eltern und Kindern

Protokollausschnitt, Interviewpartnerin 4, S. 7, Zeile 234–239:

„Sie kommen also als ausgebildete Erzieherin in eine Gruppe, wo die Leiterin damals war. Die Leiterin fiel halt aus der Gruppe, musste viel heraus und, ja, die Eltern mögen einen, die Kinder mögen einen (…)".

(....) Zeile 243–247:

„(…) ja, und dann hatte diese Kollegin, die Leiterin, halt Probleme von der emotionalen Seite. Die wollte halt das alles für ihre eigene Gruppe haben (…)".

Protokollausschnitt, Interviewpartnerin 3, S. 4 Zeile 122-126:

„Die Kündigung, das war ganz einfach, weil die Gruppenleiterin zurückkam und ganz arge Probleme damit hatte, weil ich ein ganz gutes Verhältnis auch mit den Eltern und den Kindern hatte (…)".

In der hermeneutischen Auswertung der Interviewaussagen ist festzustellen, dass Konkurrenz und Eifersucht durchgängige Probleme für Erzieherinnen sind, die in der Rolle als Zweitkraft im Gruppendienst arbeiten. Das soziale Klima, wie die Studie von Schaarschmidt & Kieschke zeigt, ist für Belastungen am Arbeitsplatz ein bedeutender Faktor (vgl. in dieser Arbeit Seite 29f.).

Es wird die Hypothese aufgestellt: bei fehlender Aussprachemöglichkeit und Klärung der Konflikte zwischen Kolleginnen, ist mit gesundheitlichen Folgeerscheinungen psychischer oder physischer Art zu rechnen.

Konflikt

Protokollausschnitt, Interviewpartnerin 4, S. 7, Zeile 216–218:

„(...) großen Konflikt geraten mit meiner Leitern, weil, sie können sich vorstellen, ich war also jetzt auch ausgebildete Erzieherin (...)"

Die Folge der positionsmäßig höher gestellten Kollegin drückte sich in Eifersucht aus und führte im kollegialen Miteinander zu Konflikten. Die in der Regel jungen Kolleginnen sahen sich ihrerseits nicht in der Lage diese Konflikte zu klären und bevorzugten statt Aussprache einen Stellenwechsel.

Kommunikation

Protokollausschnitt, Interviewpartnerin 1, S. 12, Zeile 383–396:

„(...) Zweit- oder Ergänzungskraft, inwiefern habe ich jetzt auch mal das Recht, mich da jetzt einzumischen? Und ich kann zwar Anstöße geben, aber sie ist Gruppenleitung – das ist mir schwergefallen".

Erzieherinnen in der Rolle als Zweitkraft zeigen durchgängig bei Kolleginnen und Einrichtungsleitung erhebliche Selbstzweifel in der Kommunikation.

Wie Möller-Stürmer und auch Lehmkükler-Leuchner in ihren Artikeln feststellen, haben Erzieherinnen ein Selbstbildnis von anpassungsfähig und konfliktscheu (vgl. in dieser Arbeit Seite 32). Spezielle Kompetenzen in Kommunikation und Gesprächsführung sind gering ausgebildet.

Hilfen

Protokollausschnitt, Interviewpartnerin 1, S. 12, Zeile 412–416:

„(...) vielleicht mit Fortbildungen über Wasser gehalten und habe gedacht: ‚So was tut mir gut! Wo habe ich das Gefühl, was brauche ich damit ich mich wohler fühle, wenn so was (...)'".

Interviewpartnerin 2, S. 3:

„Ich habe sehr viele Fortbildungen besucht".

Fortbildungen geben Sicherheit und dienen als Hilfe für das persönliche Wohlbefinden. Wie in der GEW -Studie „Wie geht's im Job?" (in dieser Arbeit Seite 39) beschrieben, nennen junge Erzieherinnen, dass sie Kraft schöpfen aus der Chance, Neues hinzu zu lernen.

Unterstützung

Protokollausschnitt, Interviewpartnerin 4, S. 8, Zeile 270–276:

„(...) kollegialer Ebene, auch mit Klassenkameraden, die ich hatte und zu denen ich einen guten Kontakt hatte. Auch mit meiner Sozialpädagogin, die mir immer gesagt hat: ‚Sie können mich anrufen wenn es Probleme gibt oder so - ich bin immer für sie da. Dann hatte ich meine Cousine (...)'".

Protokollausschnitt, Interviewpartnerin 2, S. 3, Zeile 93–96:

„(...) ganz viele Gespräche mit damaligen Klassenkameraden, damit versucht (...)'".

Thematisch ausgewählte Fortbildungen zählen zu den am häufigsten genannten Formen der selbst gesuchten Hilfen. Ebenso wie im Berufspraktikum hat die kollegiale Beratung durch ehemalige Klassenkameradinnen Bestand und wird als Unterstützung bei Fragen und Problemen weiterhin als wichtige Hilfe benannt (vgl. Auswertung Berufspraktikantin in dieser Arbeit Seite 61ff.).

Im Forschungsteil wird keine Unterteilung in der Rollenzuteilung zwischen Erzieherin als Zweitkraft arbeitend und als Gruppenleitung tätig sein vorgenommen. Grundsätzlich ist festzustellen, dass Themenbereiche aus dem Berufspraktikum sich teilweise noch in den Berufsanfang der fertig ausgebildeten Erzieherin hinein ziehen.

Schlussfolgernd kann als Erkenntnis für Erzieherinnen, die als Zweitkraft arbeiten, festgestellt werden, dass ihre Position im Team den entscheidenden Ausschlag gibt über Akzeptanz und somit Wohlbefinden oder Unbehagen durch Suchen nach Anerkennung und Positionierung im Team.

Die dargestellten Ergebnisse machen deutlich, dass ein Bedarf von Supervision zum Zeitpunkt des Anerkennungsjahres vorhanden ist.

6.3 Diskussion der Untersuchungsergebnisse bei Gruppenleiterinnen

Die Diskussion der erhobenen Daten zeichnen Kernproblematiken bei Erzieherinnen auf, die in der Rolle als Gruppenleitung arbeiten.

Kommunikation im Team

Protokollausschnitt, Interviewpartnerin 1, S.8, Zeile 269–271:

„(...) beruhte auch darauf, dass wir nicht miteinander kommunizieren konnten (...)"

Protokollausschnitt, Interviewpartnerin 1, S.12, Zeile 395–399:

„(...)Nachhinein musste ich feststellen, dass ich das offene Gespräch immer irgendwo gescheut habe und immer meine Gründe hatte (...)"

In der Rolle der Gruppenleiterin wird das Problemfeld Kommunikation als ein durchgängig sich wiederholendes Thema von allen Interviewpartnerinnen genannt. Besonders die Kommunikation im Team wird als Belastung und als konflikthaft dargestellt. Unwissen und Unsicherheit, den richtigen Umgang zu finden, wird deutlich.

In Untersuchungen benennen die Interviewten die Schwierigkeit der Kommunikation im Team. In diesem Zusammenhang sei auf den online Fachartikel von Kunz (vgl. in dieser Arbeit Seite 44f.) verwiesen. Auch in diesem Zusammenhang werden Konflikte durch falsche oder fehlende Kommunikation als belastend genannt.

Im Rahmen der vorliegenden qualitativen Forschung durch hermeneutische Auswertung ist die komplexe Bandbreite der Kommunikationsprobleme deutlich gemacht worden.

Konkurrenz

Protokollausschnitt, Interviewpartnerin 3, S.2 Zeile 45–49:

„Dass die Gruppenleitungen untereinander verfeindet waren, das fand ich ganz schrecklich. Die Türen waren zu, jeder arbeitete so still und heimlich in seinem Kämmerchen. Das fand ich ganz furchtbar und das wollte ich auch nie".

Erzieherinnen stehen untereinander in Konkurrenz. Eltern und Kinder sind die Seismographen für gute bzw. schlechte Arbeit. Austausch und kollegiales Miteinander unter den Gruppenleiterinnen wird als fehlend benannt und steht somit im Gegensatz zu den Untersuchungsergebnissen, die besagen, dass die innere Kommunikation auf der Skala der Belastungsfaktoren mit ,eher gering' angegeben wird.

Hilfen

Protokollausschnitt, Interviewpartnerin 2, S. 4, Zeile 116–120:

„(...) Erzieherin als Gruppenleiterin habe ich eigentlich nur pädagogische Fortbildungen oder vorwiegend pädagogische Fortbildungen absolviert, also mit pädagogischem Inhalt (...)".

Wie in allen Auswertungen bisher, kann auch hier auf die begleitende berufliche Hilfe durch Fortbildungen verwiesen werden. In der Befragung der GEW-Studie werden als Ressourcen, die dazu beitragen, die berufliche Arbeitsbelastung zu verringern, genannt: „Vielfalt der Arbeit, die eng verknüpft ist mit der Möglichkeit, Neues dazulernen zu können, sowie Wissen und Können voll einsetzen zu können." (vgl. in dieser Arbeit Seite 39).

Unterstützung

Protokollausschnitt, Interviewpartnerin 4, S. 12 Zeile 394–397:

„(...) Da brauchte ich auf jeden Fall fachliche Beratung und die habe ich damals auch von meiner Ausbilderin bekommen. Also, da konnte ich auch jederzeit anfragen (...)".

Protokollausschnitt, Interviewpartnerin 1, S. 14, Zeile 452–456:

„(…) privat natürlich nicht, dass man jemanden hat, bei dem man mal alles rauslassen kann, und bei Kollegen. Ich denken, ich habe auch schon mit Kollegen, die mir nahe standen, die vielleicht auch (…)".

In der Auswertung der Interviews wird, wie bei den Berufspraktikantinnen und den Erzieherinnen als Zeitkraft arbeitend deutlich, dass familiäre oder freundschaftliche Gesprächs- und Austauschpartner eine entlastende und kraftgebende Quelle für den beruflichen Alltag darstellen. (Vgl. Untersuchung von Schaarschmidt &Kieschke, 2007; in dieser Arbeit Seite 26)

Das Ausmaß der im privaten Bereich gesuchten Entlastung und Problemberatung lässt in Bezug zur Forschungsfrage einen erheblichen Bedarf an professioneller supervisorischer Unterstützung erkennen.

6.4 Diskussion der Untersuchungsergebnisse bei Leiterinnen der Einrichtung.

Die Diskussion der erhobenen Daten zeigen Kernproblematiken bei Erzieherinnen auf, die in der Rolle als Einrichtungsleitung arbeiten.

Organisation

Protokollausschnitt, Interviewpartnerin 2, S. 7, Zeile 215-222:

„Natürlich hat sich die Leitungstätigkeit die letzten Jahre wahnsinnig verändert. Inzwischen ist es so, dass Verwaltungstätigkeiten (…)".

„(…) bin kein Verwaltungsfachangestellter, das heißt also, dass bestimmte Dinge nicht nachzuvollziehen sind. Es ist sehr schwierig (…)".

Die interviewten Leiterinnen benannten übereinstimmend, dass die durchzuführenden organisatorischen Arbeiten sich in den zurückliegenden Jahren vervielfacht haben und nicht den Kernaufgaben einer pädagogischen Fachkraft entsprechen. Wie in der GEW-Studie herausgearbeitet, nehmen im Rahmen der Besprechungen die allgemeinen Verwaltungs-

und Organisationsthemen den Hauptanteil ein. (Vgl. in dieser Arbeit Seite 35)

Sich allein gelassen fühlen (allgemein)

Protokollausschnitt, Interviewpartnerin 3, S. 7, Zeile 227:

„(...) diesen administrativen Teil mit übernehmen, dann (...)".

(...) Zeile 230 – 231:

„(...) übernahm ich die Einrichtung. Aber da war es wirklich so, dass ich sehr allein gelassen war".

Aus der Anfangsphase ihrer Leitungstätigkeit, benannten die interviewten Leiterinnen das Gefühl alleine zu sein, als besonders belastend. Die fehlende Unterstützung sowohl von Seiten des Trägers als auch von Seiten der Fachberatung wurde als Gefühl abgespeichert, von nun an als Einzelkämpferin da zu stehen. Es wird die Hypothese aufgestellt, dass den Trägern diese besondere Problemsituation nicht bewusst ist und somit die Erkenntnis fehlt, dass sie sowohl als begleitendes als auch unterstützendes Element für eine Leiterin in der Anfangssituation sehr hilfreich sein können.

Sich allein gelassen fühlen in Personalführung, pädagogischer- und konzeptioneller Arbeit

Protokollausschnitt, Interviewpartnerin 3, S. 10, Zeile 328–330:

„(...) mich nicht erinnern, dass ich das Gefühl gehabt habe, dass ich da anrufen kann und dann komme ich weiter".

Erzieherinnen benennen in der BGW-DAK Studie übereinstimmend die Überforderung in bestimmten Teilleistungsbereichen und den allgemein hohen Anspruch an Kompetenzen und Fähigkeiten. Es wird die Hypothese aufgestellt, dass dieses sich in besonders hohem Maße auf die Leiterinnen übertragen lässt.

Beratung durch Fachberatung

Protokollausschnitt, Interviewpartnerin 3, S. 6, Zeile 201–202:

„(...) ja, es gab zwar Fachberatung; aber die habe ich sehr negativ erlebt".

Protokollausschnitt, Interviewpartnerin 3, S. 9, Zeile 302-306:

„(...) Fachberatung sprechen. Aber dann war das Kind entweder schon in den Brunnen gefallen und es war wirklich zu spät, dann (...)".

(...) Seite 15, Zeile 504–508:

„(...) Beratung sollte dann auch Beratung sein. Ich habe ja ganz oft erlebt, dass das auch Fachberatung war mit Fachbereichsleitung und dann vermischten sich zwei Rollen, was ganz böse sein kann. Also dann kommt so eine Vorgesetzte und Dienstaufsicht mit rein, das ist eine ganz schlimme Sache, finde ich (...)".

In der Befragung der Leiterinnen wird auf die Problematik der Vermischung von Dienstaufsicht und Fachberatung in einer Person hingewiesen. Beratung als echte Hilfestellung betrachtet, bedarf einer inneren Unabhängigkeit der Ratsuchenden, diese ist wegen der Doppelfunktion durch die Fachberatung nicht gegeben. In der GEW Studie wird auf die Frage nach Verbesserung der Arbeitssituation unter anderem mit regelmäßiger Supervision geantwortet (vgl. in dieser Arbeit Seite 41).

Unterstützung

Protokollausschnitt, Interviewpartnerin 3, S. 9, Zeile 297–300:

„(...) Das schon, das schon: Auf der Leitungsebene konnte man sich austauschen (...)".

Protokollausschnitt, Interviewpartnerin 4, S.18, Zeile 613–623:

„Ich habe bestimmt meine Familie als Unterstützung gehabt und Menschen, die mir sehr wichtig waren, ganz sicher, aber der Hauptprozess musste"

I: „Aus Ihnen?"

S: "Wissen Sie, wenn man in dieser Situation ist, dann kann man ganz viel um sich herum haben, aber im Endeffekt muss man die Arbeit selber schaffen".

Supervision

Protokollausschnitt, Interviewpartnerin 2, S. 8, Zeile 239–244:

„(...) also ich hole mir natürlich auch Hilfe von außerhalb. Ich habe selber Supervisionen gemacht, also unabhängig jetzt von dem Träger. Ich möchte ja auch persönlich Klarheit".

Protokollausschnitt, Interviewpartnerin 1, S. 18, Zeile 592–593:

„(...) hatte ich dann Leitungssupervision in der jetzigen Kita in der Aufbauphase also 99/2000".

Protokollausschnitt, Interviewpartnerin 2, S. 10, Zeile 310–314:

„(...) aber, es ist immer ganz wichtig noch mal jemand Fremdes dazu zu holen, der ganz klar Hinweise gibt und dass man noch mal angeregt wird, seine eigenen Gedanken, Positionen zu überprüfen".

In der Auswertung der befragten Leiterinnen wird deutlich, wie bereichernd und hilfreich Supervision erlebt worden ist. Die GEW Studie „Wie geht's im Job?" belegt dies eindeutig. So wird von einem Viertel der Befragten die regelmäßige Teilnahme an Supervision als erforderliche Verbesserung genannt. (Vgl. GEW Studie in dieser Arbeit Seite 38/39).

Grenzen in der Supervision

Protokollausschnitt, Interviewpartnerin 2, S. 11, Zeile 332–334:

„(...) muss ich die Möglichkeit haben ‚Stopp' zu sagen und die Supervisorin muss dann ganz klar auch diese Grenze einhalten".

Protokollausschnitt, Interviewpartnerin 3, S. 13, Zeile 437–450:

„Mein ganz privates Feld, das hätte da gar nicht zugehört. Das wäre für mich auch eine ganz andere Sache"

T: „und therapeutisches?"

T: „Nee, ich denke mir, dass ist eine ganz andere Ebene und die sollte nicht in der Supervision stattfinden. Ich glaube, das wird vielleicht auch ganz schnell miteinander verwischt. Und der Grund, weshalb ich am Anfang - nach dem was man so hörte - erst mal dachte: ‚Oh Gott, du machst jetzt Supervision (...)"

Als unverrückbare Grenze ist in Supervision stets die persönlich aufgestellte Grenze genannt worden. Immer dann, wenn der berufliche Kontext verlassen wird und in den therapeutischen Bereich wechselt, ist Supervision nicht angezeigt. Nach Pühl ist „Supervision eine Beratungsmethode zur Sicherung und Verbesserung der Qualität beruflicher Arbeit."[102] Dieses darf keineswegs im Supervisionssetting verlassen werden.

Settings und Zeiten in der Supervision

Protokollausschnitt, Interviewpartnerin 2, S. 11, Zeile 342–344:

„Ich hätte gerne Teamsupervision".

Protokollausschnitt, Interviewpartnerin 2, S. 13, Zeile 390–395:

„(...) alle zwei Wochen, alle drei Wochen - was weiß ich, das kann ich jetzt nicht sagen. Also wichtig wäre mir einfach nur, dass ich das Team nicht überfordere, dass aber alle da sein können und dass alle das mit ihren Familien auch noch geregelt kriegen (...)".

Im Rahmen von Settings ist die Unterscheidung Team- bzw. Gruppen- und Einzelsupervision vorgenommen worden. Bei Team- bzw. Gruppensupervision sehen alle Befragten durchgängig die regelmäßige Teilnahme alle Mitglieder als wichtig an. Ein regelmäßiges Arbeiten sollte laut Interviewpartnerinnen je nach Themenbereich ca. alle drei bis sechs Wochen stattfinden und über einen Zeitraum von mindestens sechs bis offen in der Anzahl, max. zwei Jahre stattfinden.

In der Befragung wird deutlich, dass in der Einzelsupervision eine weitere Unterscheidung nach Selbstzahler oder Träger finanziert vorzunehmen ist. Die zeitliche Frequenz ist abhängig von Themen einerseits und Übernahme der Kosten andererseits.

Sowohl in der Untersuchung der GEW Studie, als auch in der BWK-DAK Studie wird deutlich, dass die Belastungen am Arbeitsplatz erheblich sind. Erzieherinnen benennen dort u. a. Supervision als eine Form der Unterstützung und Ressourcenquelle.

---

[102] vgl. Pühl, H., Supervision und Organisationsentwicklung, 2000, 2. Auflage, S.15

Da für diese spezielle Forschungsfrage über Supervisionsbedarf in den verschiedenen Karrierestufen einer Erzieherin von der Berufspraktikantin bis zur Leiterin der Einrichtung auf keine fundierten Publikationen zurückgegriffen werden konnte, ist diese Feldstudie nicht in einen Vergleich zu bereits vorgenommenen Untersuchungen zu setzen. Es ergibt sich von daher auch keine Evaluationsmöglichkeit.

7. Zusammenfassung und Ausblick

7.1 Zusammenfassung der Ergebnisse

Die vorliegende Untersuchung ist in ihrer Forschungsfrage dem Beratungsbedarf von Erzieherinnen in den verschiedenen Karrierestufen nachgegangen. Die Erhebung hat bei den Interviewpartnerinnen Kernthemen hervorgebracht, die zusammengefasst hier vorgestellt werden.

In der Diskussion der Ergebnisse der befragten Leiterinnen ist festzustellen, dass die Interviewten „Hilfe und Unterstützung" in jeder beruflichen Karrierestufe als ein Kernthema benannten. Das Ergebnis zeigt, dass sie diese individuelle Hilfe und Unterstützung in ihrem privaten Umfeld suchten, da im professionellen Kontext diese nicht verfügbar war. Familie, Freunde, mit und ohne fachlichen Hintergrund, sowie ehemalige Lehrerinnen wurden als verlässliche Konstante in diesem Kernthema erlebt.

An dieser Stelle wird nochmals auf die Studie von Schaarschmid und Kieschke verwiesen, die deutlich hervorhebt, dass Belastungen eher kompensiert werden können, wenn im privaten Umfeld beruflichen Problemen Raum zum Aussprechen dieser eingeräumt werden kann. [103]

In der Diskussion der Interviewergebnisse ist deutlich geworden, wie entscheidend das berufliche Wohlbefinden sich auf die pädagogische Arbeit im Erzieherberuf auswirkt.

Die Untersuchungsergebnisse belegen des Weiteren die hohe Qualität der Unterstützung, die sie durch ausgesuchte Fort- und Weiterbildungen erfahren haben. Diese Form der Unterstützung und Hilfe basiert aber auf persönlichem Engagement und ist kein fester Bestandteil der institutionellen Rahmenbedingungen.

Durchgängig zeigt die Erhebung, dass diese Unterstützung als Elemente von besonderer Wichtigkeit benannt wurde. Sie dienten den Interviewpartnerinnen als Quelle der Stabilisierung.

---

[103] vgl.: Schaarschmidt, U.; Arnold, H.; Kieschke, U.: Die Bewältigung psychischer Anforderungen durch Lehrkräfte, Studie der Universität Potsdam, 2007

Weiterhin wurde deutlich, dass von den Interviewten das Kernthema „Konflikte" als belastend und die Arbeit beeinträchtigend in allen Karrierestufen dargestellt worden ist. Konflikte entstanden, so die Interviewten, in verschiedenen Kontexten, die teilweise bedingt durch die Karrierestufe generiert waren.

In der Erhebung sprachen die Interviewpartnerinnen das Thema ‚Probleme in der Kommunikation' in allen Karrierestufen an.

In der Rolle als Berufsanfängerin wird besonders das Elterngespräch als schwierig und belastend genannt.

In der Rolle als Zweitkraft oder Gruppenleiterin wird die Auseinandersetzung zwischen Kolleginnen unterschiedlicher Positionen als besonders häufig und störend erlebt.

Als ein weiteres Kernthema der Befragung ist das „sich allein gelassen fühlen, in Anfangssituationen" besonders in der Rolle der Berufsanfängerinnen und der der Leitungsrolle benannt worden.

In der Rolle als Leiterin wurde weiterhin das Kommunikationsproblem mit dem Team als Hauptbelastungspunkt benannt, wobei speziell die Anforderung „Anweisungen zu geben und/oder ‚Konflikte klären zu müssen", als schwierig erlebt worden ist.

Bezogen auf die Forschungsfrage hat die Erhebung der Interviewten in der Auswertung gezeigt, dass Supervision vorwiegend in der Rolle als Leiterinnen der Einrichtung in Anspruch genommen wurde. Diese Einzelsupervision der Leitung ist von den Interviewpartnerinnen überwiegend als bereichernde und gewinnbringende Hilfe benannt worden.

7.2 Ausblick

Die Pisastudie hat deutlich gemacht, dass die Altersgruppe der Kinder bis zum sechsten Lebensjahr eine aufnahme- und lernbereite Phase durchlebt. Deutschland möchte sich nicht mit einem hinteren Platz im Wissens- und Leistungsranking in der Welt begnügen. Dazu ist es notwendig geworden, dass u. a auch die Lebensphase der Kinder vor dem Eintritt in die Schule deutlicher ins Bewusstsein gerückt wird. Das anstehende KIBIZ-Gesetz trägt dem neuen Erziehungs-, Bildungs- und Betreuungsgedanken Rechnung, indem es z. B. verbindliche Sprachstandserhebungen schon im Kindergarten eingeführt hat. Die altersgerechte Bildung, besonders die Sprachförderung stehen in diesem Gesetz an erster Stelle. Die Einführung der Familienzentren, in denen der Kindergarten als „Lotse" für alle die Familie betreffenden Fragestellungen fungiert, ist eine weitere große Aufgabe, die eine Fülle an Umstrukturierungsmaßnahmen mit sich bringt. Erzieherinnen sind aufgefordert, sich diesen Veränderungen zu stellen.

Aufgrund der Kernthemen scheint es mir geboten, dass als eine flankierende Maßnahme die regelmäßige Supervision als Beratungsform eingerichtet wird, die sowohl in neu zu strukturierenden Prozessen, in Konzeptentwicklung als auch in Aspekten der Neuordnung wirksam werden kann. Unter dem Fokus Neustrukturierung im Teamprozess, kann Beratung in Form von Supervision ein begleitendes Element sein, das die Ausrichtung an neue Zielsetzungen ermöglicht. Die Ausbildung zur Erzieherin enthält im Rahmen der Praktikumsbegleitung regelmäßig Praxisanleitungsgespräche, die hohe Anteile von Supervision beinhalten. Sowohl in der Praktikumszeit während der Theorieausbildung als auch im Berufspraktikum wird begleitende Beratung in Form von Supervision als wichtig erachtet.

Die Frage nach dem Beratungsbedarf von Erzieherinnen in den verschiedenen Karrierestufen kann eindeutig mit Ja beantwortet werden, da sich aufgrund der Erhebung ein durchgängig eindeutiger Beratungsbedarf herauskristallisiert hat. Supervision dient sowohl der einzelnen Erzieherin als auch dem Team zur Unterstützung und Hilfe in den unterschiedlichsten Aufgaben, Fragestellungen und Herausforderungen.

Dies erfordert natürlich die Bereitstellung finanzieller und auch zeitlicher Ressourcen. Erst dadurch kann Supervision zum festen Bestandteil jeder pädagogischen Einrichtung werden.

Abschließen ist zu fordern, dass im Sinne einer Professionalisierung und Akademisierung des Erzieherberufs, Supervision als eine Form der fest installierten Beratung von Beginn an auf allen Karrierestufen eingerichtet wird. Die Auswertung der durchgeführten Erhebung belegt diesen Bedarf zweifelsfrei.

8. Literaturverzeichnis

Baer, G. in Pühl, H. (Hrsg.): Handbuch der Supervision 2, Edition Marhold in Wissenschaftsverlag, Volker Spiess GmbH, Berlin, 1994.

Belardi, N.: Supervision, Von der Praxisberatung zur Organisationsentwicklung, Paderborn, Verlag Junfermann, 1992.

Belardi, N. in Pühl, H. (Hrsg.): Handbuch zur Supervision 2, Edition Marhold in Wissenschaftsverlag, Volker Spiess GmbH, Berlin,1994.

Berlardi, N.: Was kann Supervision in Kindergarten und Schule leisten? http://www.schule.suedtirol.it/pi/downloads/nando_belardi.pdf.

Büttner, Ch.: Berufsrolle und -auftrag von Erzieher/innen, in Textor, M. R.: Kindergartenpädagogik Online-Handbuch, www.kindergartenpaedagogik.de/838.html.

de Gruyter, Pschyrembel– Klinisches Wörterbuch, 261. Auflage, 2007, S. 1695, WdeG Walter de Gruyter, Berlin – New York, 2007.

Derschau, D. in Erning; Neumann; Reyer (Hrsg.): Geschichte des Kindergartens, Lambertus Verlag, Freiburg, 1987.

Erning; Neumann; Reyer (Hrsg.): Geschichte des Kindergartens, Lambertus Verlag, Freiburg, 1987.

Fatzer, G. (Hrsg.), Supervision und Beratung – Ein Handbuch, 10. Aufl., EHP Bergisch-Gladbach, 2003.

Flick, U.; Kardorff von, E.; Steinke, I. (Hrsg.): Qualitative Forschung, Ein Handbuch, 5. Auflage, Rowohlts Enzyklopädie, 2007.

Fried, L.: Erstellung eines Konzepts für eine Rahmencurriculum „Frühkindliche Bildung" in: PIK – Profis in Kitas, Studie der Robert Bosch Stiftung, 2005, http://www.profis-in-kitas.de.

Fthenakis, W. E.: Bildungs- und Erziehungspläne für Kinder unter sechs Jahren – nationale und internationale Perspektiven. in Gaus, G. u.a. (Hrsg.): Anschlussfähige Bildungsprozesse im Elementar- und Primarbereich, Klinkhard. Bad Heilbrunn, 2004.

Gary, G.: Geschichte der Kindergärtnerin von 1779 bis 1918, Edition Praesens, Wien, 1995.

Gruschka, A.: Wie Schüler Erzieher werden: Studie zur Kompetenzentwicklung und fachlichen Identitätsbildung in einem Doppelqualifizierenden Bildungsgang des Kollegschulversuches NRW, Wetzlar, 1985.

Hechler, O.: Psychoanalytische Supervision sozialpädagogischer Praxis, Brandes & Apsel Verlag, Frankfurt am Main, 2005.

Hitzler in Kruse, J.: Seminar Reader – Einführung in die Qualitative Interviewforschung, Freiburg, 2007.

Kersting, H. J.; Neumann-Wirsig, H.: Supervision: Konstruktion von Wirklichkeiten, Wissenschaftlicher Verlag des IBS, Aachen, 2000.

Kersting, H. J. in Kersting, Neumann-Wirsig, H. (Hrsg.): In Aktion, Wissenschaftlicher Verlag des IBS, Aachen, 2000.

Kersting, H. J.; Krapohl, L. in Pühl, H.(Hrsg.): Handbuch Supervision 2, Edition Marhold, Wissenschaftsverlag Volker Spiess GmbH, Berlin, 1994.

Kruse, J.: Seminar Reader – Einführung in die Qualitative Interviewforschung, Freiburg, 2007.

Kunz, T.: Gesundheit in Kindertageseinrichtungen, in Textor, M. R.: Kindergartenpädagogik Online-Handbuch, www.kindergartenpaedagogik.de/1556.html.

Kunz, T.: Arbeitsplatz Kita, http://www.kiki-online.de/kk_01_06/kk_01_06kita.html.

Lehmkühler-Leuchner, A.: Supervision für Erzieherinnen in Kindertageseinrichtungen, in Fachzeitschrift Supervision 2/1984, Beltz, Weinheim.

Meesmann, H. und Teupke, A, erschienen in Publik-Forum online, Ausgabe 10/2003, Seite 18, am 23.5.2003, http://www.publik-forum.de/f4-cms/tpl/pufo/op/pufo-themensubside...

Metzinger, A.: Zur Geschichte der Erzieherausbildung: Quellen - Konzeptionen - Impulse – Innovationen, Peter Lang, Frankfurt, 1993.

Möller-Stürmer, S.: ...jetzt noch Supervision, in Fachzeitschrift Kindergarten Heute, 6/1993, Herder Verlag, Freiburg.

Pühl, H.: Supervision und Organisationsentwicklung, 2. Auflage, Leske und Budrich, Opladen, 2000.

Pühl, H. in Pühl, H. (Hrsg.): Handbuch der Supervision 2, Edition Marhold, Wissenschaftsverlag Volker Spiess GmbH, Berlin, 1994.

Rauschenbach; Beher; Knauer: Die Erzieherin - Ausbildung und Arbeitsmarkt, 2. Auflage, Juventa, Weinheim, 1996.

Rohrmann, T., Männer in Kindertageseinrichtungen: Immer noch eine kleine Minderheit, in Switchboard Zeitschrift für Männer in Jugendarbeit, 2005, Heft 4/5, S. 20-21, in: www.maennerzeitung.de/downloads /infoblaetter/169.pdf.

Schaarschmidt, U.; Arold, A.; Kieschke, U:Die Bewältigung psychischer Anforderungen durch Lehrkräfte, Studie der Universität Potsdam, 2007.

Thiersch, R.; Höltershinken, D.; Neumann, K. (Hrsg.): Die Ausbildung der Erzieherin – Entwicklungstendezen und Reformansätze, Juventa, Weinheim, 1999.

Unterbrink, T.; Bauer, J: Lehrergesundheitsprävention: Coaching-Gruppen für schulische Lehrkräfte nach dem Freiburger Modell, in Zeitschrift Supervision Mensch Arbeit Organisation 4/2006, Beltz, Weinheim.

Kindergarten heute, Fachzeitschrift für Erziehung, Bildung und Betreuung von Kindern, Ausgabe 6/7;1993;6,1997, Verlag Herder.

taz, die tageszeitung vom 11.1.2007, taz Verlags- und Vertriebs GmbH, Berlin.

Welt des Kindes, Fachzeitschrift für Kindertageseinrichtungen, Ausgabe 2/1995, Kösel Verlag.

Institut für Energie- und Umweltforschung, IFEU, Heidelberg: Stand der Mobilitätserziehung und Beratung in deutschen Schulen und Erarbeitung eines beispielhaften Ansatzes für die nachhaltige Mobilitätserziehung in Schulen unter Berücksichtigung von Umwelt- und Gesundheitsaspekten, 2005, www.ifeu.de/bildungsinformation/pdf/kurzfassung.pdf.

Stress bei Erzieher/innen. Ergebnisse einer BGW-DAK-Studie über den Zusammenhang von Arbeitsbedingungen und Stressbelastung in ausgewählten Berufen. Hamburg: GBW Berufsgenossenschaft für Gesundheitsdienst und Wohlfahrtspflege, 2000, http://www.bgwonline.de/internet/generator/Inhalt/OnlineInhalt/Bilder_20und_20Downloads/downloads/2000/Stressreport_Erzieher.pdf,property=download.pdf.

Wie geht's im Job, Kita. Studie der GEW, (Gewerkschaft Erziehung und Wissenschaft), Oktober 2007, S. 41 – 45, http://www.gew./Binaries/Binary27748/GEW-Kitastudie.pdf.

Das Gütesiegel Familienzentrum NRW, Ministerium für Generationen, Familie, Frauen und Integration des Landes Nordrhein-Westfalen, 2007.

Erstes Gesetz zur Ausführung des Kinder- und Jugendhilfegesetzes - AG-KJHG - vom 12.12.1990 (GV NRW S.664), zuletzt geändert durch Gesetz vom 03.05.2005 (GV NRW S.498) 1. AG-KJHG.

Rd. Erl. d. Ministerium für Schule und Weiterbildung des Landes Nordrhein- Westfalen vom 2.1.2006 – 61-6-08.01.13, Richtlinien und Lehrpläne zur Erprobung, Fachschulen des Sozialwesens, Fachrichtung Sozialpädagogik.

Zweites Gesetz zur Ausführung des Gesetzes zur Neuordnung des Kinder- und Jugendhilferechtes (Gesetz über Tageseinrichtungen für Kinder - GTK), 1991, zuletzt geändert durch Art. 3 des Gesetzes vom 21. Dezember 2006 (GV.NRW.S.631).